과거에 붙잡힌
사람을 위한 책

Complex PTSD

과거에 붙잡힌 사람을 위한 책

아리엘 슈워츠 지음
김준기 · 배재현 · 사수연 · 김형진 옮김

수오서재

어린 시절 학대 또는 방임으로 고통받아온 당신,

그리고 당신의 치유 여정을 함께 걸어가고 있는

따뜻한 이들에게 이 책을 바칩니다.

부디 이 책이 당신에게

치유의 희망을 불어넣기를 바랍니다.

차례

머리말

아이가 태어날 때 우리는 그 아이가 안전한 세상에서 살기를 바란다. 아마 친절과 보살핌으로 가득 찬 집을 떠올릴 것이다. 비록 완벽하지는 않을지라도 이 집은 아이가 호기심과 기쁨을 가지고 배우고 성장할 수 있는 곳이다. 그런데 어린 시절 부모로부터 받은 트라우마는 이러한 암묵적인 전제 조건을 배반한다.

복합 외상 후 스트레스 장애Complex PTSD; C-PTSD는 지속되거나 반복되는 트라우마 사건에 대한 반응이다. 어린 시절에 일어난 트라우마 사건은 대개 예측할 수 없거나, 혼란스럽고, 두려운 경우가 많다. 부모나 보호자로부터 여러 차례 학대, 방치, 무시, 방임이 이루어졌거나 혹은 트라우마가 되는 사건을 반복적으로 목격했을 수도 있다. 복합 PTSD에서 '복합'은 트라우마가 너무 어린 나이에 자주 반복되어 감정적 발달에 큰 영향을 미쳤다는 것을 의미한다.

이 책을 읽고 있는 당신은 어린 시절 트라우마를 겪었던 당사자이거나 또는 그로 인해 고통받고 있는 이를 돕고자 하는 배우자, 보호자, 친구, 혹은 치료자일 것이다. 어느 경우든 이 책은 트라우마 치유 여정을 위한 중요한 안내서가 되고자 한다.

이 책은 트라우마를 치유하는 기나긴 여정에 따뜻한 안내와 지원을 제공한다. 당신의 어둠을 밝히고 절망의 순간이 찾아올 때마다 희망이 되어주길 바라며 책을 만들었다. 나는 어린 시절의 트라우마 및 복합 PTSD 치료 전문가로서 이 여정에 커다란 용기가 필요하다는 것을 안다. 동시에 숱한 임상 경험을 통해 복합 PTSD가 치유 가능하다는 것도 잘 알고 있다. 나 또한 트라우마 생존자로서 당신이 걷는 치유의 여정을 걸어왔다. 그리고 이 여정은 나를 PTSD 치료자로 전환시켰다.

임상 경험으로 볼 때 단일 트라우마 사건으로 치료를 받으러 오는 내담자는 사실 매우 드물다. 그리고 트라우마 치료를 위해 찾아오는 경우에도 치료에 빠르게 반응하지 않는다는 것을 금방 깨달았다. 이런 내담자들은 과거 오진을 받았던 경우가 많고, 그로 인해 치료에 크게 실망하고 낙담한다. 결국 기존의 전형적인 치료 틀을 벗어난 창의적인 치료 방법을 시도하는 치료자를 찾는다.

지난 20년 동안 나는 가장 효과적인 복합 트라우마 치료 방법을 찾는 데 몰두했다. 앞으로 제공될 모든 실용적인 전략은 트라우마 회복을 위한 가장 효과적인 치료법에서 가져온 것이다. 모두 압도하는 감정에 침수되지 않고 과거의 고통스러운 상처를 다루는 데 필요한 기술들이다. 당신이 이 기술들을 활용해 새로운 자유를 발견하기를 깊이 소망한다. 당신이 의미 있고 만족스러운 삶을 살아가는 데 과거 트라우마 사건이 더 이상 방해가 되지 않기를 진심으로 바란다.

이 책에 접근하는 방법은 다양하다. 혼자 책을 읽으면서 트라우마 치유 과정이 어떻게 이루어지는지를 전반적으로 이해할 수 있다. 그러나 트라우마의 손아귀에서 스스로를 되찾는 깊이 있는 작업은 트라우마를 잘 아는 치료자와 협력할 때 가장 효과적이다. 치료자들은 스스로 사랑받을 수 없고, 이미 손상되었고, 수치스럽고, 가치 없다고 느끼는 당신 내면 자아의 부분들parts에게 충분한 수용을 제공한다. 애정 어린 지지자와 함께할 때 치유의 마지막 목적지까지 무사히 걸어갈 수 있다.

이 책은 치료 회기 사이에 필요한 중요한 지원과 그 지원을 마련하는 방안을 소개하며, 사랑과 연민의 마음으로 스스로를 바라보는 능력을 안정화하는 지침을 제공한다. 그럼에도 복합 PTSD의 회복은 단기 치료로 쉽게 이루어지지 않다는 점을 명심해야 한다. 문제가 빠르게 해결될 거라 기대한다면 실망할 가능성이 높다. 치유에는 시간이 걸린다. 인내심을 가져야 한다. 지원과 안내를 받기 위해 의지하는 사람들(가족 또는 치료자 등)에게도 인내심을 가지고 다가가야 한다. 혹 아직 신뢰할 수 있는 치료자를 찾지 못했거나, 어디에서 도움을 얻을 수 있을지 모르겠다면, 이 책의 마지막 부분을 참조하여 치유 여정을 지원할 자원 목록을 확인해 보길 바란다.

또는 이 책을 배우자나 친구와 함께 읽으면서 진행할 수 있다. 다른 이와 당신의 경험을 공유하기로 결정했다면, 당신의 이야기를 편견 없이 듣고, 당신의 독특한 삶의 경험을 이해하려는 사람을 찾는 것이 현명하다. 공감하는 책 속 글귀를 함께 크게 소리 내어 읽거나, 혹은 책을 읽다가 떠오른 생각을 기록하고 함께 읽을 수도 있다. 다른 사람이 당신의 경험을 목격하는 느낌이 어떤지 주의 깊게 관찰해 보길 권한다. 충분히 천천히 움직이면서 몸과 감정을 느껴보아라. 내면세계의 신성한 진실을 누구와, 언제, 얼마나, 어떻게 공유할지 항상 당신이 선택할 수 있다는 것을 기억하자.

책에 소개한 내담자 이야기는 여러 가지 실제 사례를 종합한 것으로, 모든 식별 가능한 정보는 사생활 보호와 익명성을 위해 변경했다. 사례는 당신의 과거와 연결될 수 있다. 따라서 책을 읽다가 각성되거나 자극받는다고 느껴지면, 트라우마가 활성화되거나 뭔가 촉발될 것이라고 알아차려지면, 즉 감정에 압도되기 시작하면 언제든지 일시 중지하고 차분하게 자신에 대해 생각해 본다. 어디가 불편한지 왜 이 부분을 읽다 불편하기 시작했는지 헤아려 본다. 불편함의 신호가 왔을 때 이를 무시하고 극복하려고 하기보다는 이 신호를 활용해 스스로에 대해 궁금증을 가져보길 제안한다. 책을 계속 읽어나가기 전에 안전하고 지지받는다는 느낌을 확보하는 것이 무엇보다 중요하다. 이를 위해 무엇이 필요할지 스스로에게 물어보라.

이제 우리는 복합 외상 후 스트레스 장애에 대한 탐구를 시작할 것이다. 그것이 무엇인지, 증상에는 어떤 것이 있는지, 원인은 무엇인지 등등을 살펴볼 것이다. 그리고 회피, 침투, 우울과 같은 가장 흔한 유형의 트라우마 증상을 다룬다. 감정 조절 문제와 대인관계 문제로부터 회복하기 위한 중요한 기술도 함께 다룬다. 복합 외상 후 스트레스 장애가 일상을 어떻게 방해하며, 어떻게 우리 의식을 장악하고 자존감을 손상시키는지 탐색할 것이다. 각각의 장은 사례와 함께 실제적인 대처 방법과 치유 기술을 소개한다. 이 모든 것들은 당신이 트라우마에 안전하게 대처하고 삶을 되찾는 것에 도움을 줄 것이다.

중요한 점

복합 PTSD는 어린 시절 겪은 모든 형태의 트라우마에서 발생할 수 있다. 전쟁 혹은 폭력의 영향을 받은 지역에서 성장했거나, 인

신매매와 아동 착취를 목격하거나 경험하는 것도 트라우마 범주에 포함된다. 이 책에서 제시하는 치유 전략은 트라우마의 유형과 상관없다. 다만 주로 부모, 양육자, 보호자, 가족 구성원 또는 지역 사회 구성원으로부터 받은 어린 시절의 트라우마에 초점이 맞춰져 있다.

앞서 말했듯 치유 과정을 급하게 서두르지 않는 것이 중요하다. 인간 뇌는 완전히 형성되는 데 약 20년이 걸린다. 또한 어린이가 성인 생활의 복잡함에 대처할 사회적 지능, 감정적 지능을 개발하기 위해서는 수년간의 세심한 지도가 필요하다. 우리의 어린 시절은 삶의 불가피한 도전, 예를 들어 사랑하는 사람과의 갈등을 해결하고 상실을 극복하는 것과 같은 복잡한 상황을 해결하는 능력을 마련하도록 돕는 것이었어야 한다. 그러나 어린 시절 트라우마를 경험하면서 성장했다면, 방임이나 학대로 인해 생겨난 결핍과 공백을 채우는 데 시간이 필요하다. 즉 트라우마로부터 삶을 되찾는다고 하는 것은 장기적인 헌신을 필요로 한다. 당신이 겪고 있는 대부분의 증상은 장기간에 걸쳐 발생한 트라우마의 결과물이다. 치유를 위한 타임라인을 현실적으로 생각하자.

치유의 여정을 계속 해 나갈수록 당신은 점차 안정된 자아감을 되찾을 수 있을 것이다. 성장하는 매 순간은 취약했던 몸, 마음, 영혼을 확장시키는 시간이 될 것이다. 물론 처음에는 흔들리고 불안전할 수 있다. 마치 걸음마를 배우기 시작한 아기처럼 새로운 영역을 탐험하는 것이 때때로 망설여지기도 할 것이다. 하지만 따뜻한 격려와 함께라면 당신은 몇 번이라도 다시 일어날 수 있다. 꾸준한 연습을 통해 긍정적인 마음가짐과 미래에 대한 희망찬 전망을 개발해 나갈 수 있을 것이다.

이렇게 어렵게 성취한 통찰력과 역량 강화의 경험은 결코 당신으로부터 빼앗을 수 없다. 당신의 자원으로 오랫동안 당신 안에 남는다. 결국 당신은 수치심과 마음의 무거운 짐에서 벗어나 성장의 전환점에 도달할 것이다. 상처의 고통도 완화될 것이다. 또한 자신이 본질적으로 선하다는 사실에 굳건한 확신을 갖게 될 것이다. 이는 세상에 태어난 모든 존재들이 마땅히 받아야 할 자격이자 타고난 권리다.

1

복합 외상 후 스트레스 장애

아동기에 경험한 트라우마는 몸과 마음에 깊은 영향을 미치며, 그 영향은 성인기까지 이어진다. 당신은 고통 속에서 살아남은 생존자로서 '나는 상처 입었어', '나는 사랑스럽지 않아', 혹은 '아무도 믿을 수 없어'라는 신념을 가지고 있을 수 있다. 또한 자신에 대해 수치심, 무가치함, 무력감을 느낄 수도 있다. 어쩌면 불안에 시달리거나 자신이 이 세상에 속해 있지 않다고 믿을 수 있다. 이러한 생각과 감정은 혹시 모를 거절이나 상처를 피하기 위해 사람들을 멀리하고 소극적인 대인관계를 갖도록 이끈다. 또는 음식, 술, 약물을 사용해 고통을 차단하거나 당신을 무감각하게 만들기도 한다. 만약 이런 증상들이 있다면 혼자가 아니라는 사실을 아는 것이 중요하다. 복합 외상 후 스트레스 장애로 인한 고통스러운 감정은 과거의 잔재다. 더 중요한 것은 당신은 치유될 수 있다는 것이다.

어린 시절의 트라우마에서 살아남다

복합 트라우마는 대개 유아기에 시작된다. 어린 아기는 부모에게 완전히 의존한다. 부모는 아이가 안전하고, 부모와 연결되며, 안정감을 느낄 수 있도록 돌봐주어야 한다. 그러나 부모의 반응이 예측 불가능하거나, 부모가 아이를 학대하거나, 방치하는 경우 아이의 신경계는 취약해진다. 이로 인해 아이에게는 장기간에 걸쳐 감정적이고 생리적인 고통의 패턴이 형성된다. 그리고 이러한 패턴은 성인기까지 이어진다.

신체적, 성적 학대의 기억은 강렬한 감정을 일으킨다. 그리고 이것은 명확히 설명하거나 이해하기 어려운 신체 감각을 유발한다. 예를 들어, 모호한 어떤 기억이 지속적으로 자기회의감을 일으키는 경우가 있다. 충격적인 사건이 치유되지 않고 그대로 남아 있다면, 이 사건은 반복적으로 떠오르는 기억, 플래시백Flashback, 악몽, 또는 고통스러운 감정으로 계속해서 마음속에 재생되어 현재의 삶과 관계에 영향을 미친다. 더욱이 성인으로서 자신을 돌보는 능력은 종종 어린 시절 부모로부터 어떠한 보살핌을 받았는지를 반영한다.

복합 PTSD를 치유하려면 나 자신을 있는 그대로 온전히 받아들이고, 타인에 대한 신뢰를 회복하도록 도와줄 치료자와의 긍정적인 관계가 필요하다. 물론 스스로 해 나가야 할 과정도 많다. 이 책의 치유 전략은 불안, 무력감, 수치심을 줄이는 데 도움이 되도록 설계되었다. 당신은 점차 자신을 평가하거나 판단하지 않고, 온정적인 마음으로 받아들이는 힘을 키울 수 있을 것이다. 이런 과정은 단순히 트라우마로부터 살아남는 것을 넘어 발달과 성장으로 나아가는 본질적인 변화를 만들어낸다. 마침내 어린 시절 트라우마의 고통으로부터 삶을 되찾을 수 있다. 이제 이사벨라의 사례를 보자. 복합 PTSD가 어떻게 일상을 마비시키는지 그녀의 사례를 통해 좀 더 구체적으로 이해해볼 수 있다.

이사벨라의 이야기

"나는 누군가를 사랑하기엔 너무 복잡한 사람이에요"

이사벨라가 처음 상담하러 왔을 때 그녀는 감정적으로 단절되고 차단된 상태였다. 이야기할 때 눈을 마주치는 것조차 어려워했다. 그녀는 소파에 쓰러지듯이 앉아 자신이 "아무것도 아닌 곳"에 있었다고 말했다. 우리는 둘 다 그녀가 한 말이 감정과 감각으로부터 해리Dissociation된 상태를 표현한 것임을 이해했다. 내가 "아무것도 아닌, 아무 느낌도 없는 것이 고통을 느끼지 않도록 당신을 보호해주는 거죠, 그렇죠?"라고 물었을 때 그녀는 조용히 고개를 끄덕였다.

우리는 천천히 해리를 촉발했을 사건이 있었는지 탐색하기 시작했다. 이야기를 나누면서 이사벨라는 어깨를 으쓱하며 이렇게 말했다. "남편과 싸웠어요." 나는 남편과의 싸움에 대해 좀 더 이야기해 달라고 말했다. 그러면서 감당하기 힘들었을 감정을 조금이라도 표현할 수 있도록 지지했다.

그녀는 말했다. "잘못한 거죠. 우리는 둘 다 너무 화가 났어요. 서로 후회할 말들만 늘어놓았죠. 제 생각에 이번엔 정말 남편이 나를 떠날 것 같아요. 내 모든 트라우마가 너무도 버거워요. 나는 누군가를 사랑하기에 너무 복잡한 사람이에요!" 처음에는 말하기 어려워했지만, 이사벨라는 남편과의 말다툼 이후 고통을 어떻게 견뎌야 할지 몰라 술을 마셨다고 했다. 다음 날 몽롱하고 피곤한 기분으로 잠자리에서 일어났다. 이사벨라는 이 이야기를 하면서 점차 자신이 무감각해지는 것을 느꼈다.

나는 이사벨라가 성장 과정에서 부모로부터 버림받았다는 것을 알고 있었다. 남편이 떠날 것이라는 두려움과 어린 시절 부모로부터 버려진 경험은 서로 연결되어 있었다. 우리는 이사벨라가 초기 연결감 상실을 경험한 어린 자아에 주의를 기울였다. 고통의 짐을 지고 있는 내면 자아에 귀를 기울이고 과거에 갇혀 있던 부분이 현재의 삶과 연결되도록 시도했다.

잠시 뒤, "아무것도 없는" 느낌이 서서히 가라앉기 시작했다. 그녀는 슬픔을 느끼면서도 한편으론 안도했다. 그제야 상담실을 둘러보기 시작했고 마침내 나와 눈을 마주쳤다. 자신과 좀 더 연결된 느낌이 든다고 했다. 나는 다툼 이후 남편과 어떻게 지냈는지 물어보았다. 그녀는 "사실 남편은 저한테 정말 잘해요. 그런데 제가 그를 밀어내고 맞서고 있었어요. 해리되었을 때도 그를 집밖으로 쫓아냈어요. 이제는 그런 일을 멈출 수 있겠어요"라고 말했다.

복합 외상 후 스트레스 장애란 무엇인가

인생의 어느 시점에서 우리는 사랑하는 사람을 갑작스럽게 잃거나, 생명을 위협하는 사고나 폭력, 자연재해 등을 겪는다. 적어도 살면서 한 번쯤은 큰 스트레스를 받거나 충격적인 사건을 경험한다. 이러한 사건이 일어나면 두려움, 불안, 혼란, 슬픔 또는 분노를 느끼는 것은 지극히 정상적인 반응이다. 가장 좋은 것은 이런 사건을 경험한 이후 가족, 배우자, 연인, 친구의 지원을 받거나, 관련 분야의 전문가 또는 지역 사회 구성원을 통해 고통스러운 감정을 극복할 수 있도록 지원을 받는 것이다. 하지만 만약 끔찍한 사건에 대처할 이와 같은 자원이 없다면 트라우마 사건에 대한 심리적, 생리적 반응이 지속되어 외상 후 스트레스 장애로 발전할 수 있다.

PTSD 주요 증상은 재경험, 회피, 만연한 위기감이다. **재경험 증상**Re-experiencing symptoms은 침습적 기억intrusive memories과 플래시백, 혹은 강렬한 감정이나 감각을 동반한 악몽을 말한다. **회피 증상**Avoidance symptoms은 특정 장소, 활동에 참여하는 것, 혹은 트라우마 사건과 관련된 사람을 피하는 것이다. 과거 생각을 회피하기 위해 과도하게 술을 마시거나 약물을 사용하는 등 중독 위험이 큰 행동을 한다. **만연한 위기감**Pervasive feelings은 실제 안전한 상황에서도 여전히 위험 상황에 있는 것처럼 느끼는데, 이것을 '과도한 경계hypervigilance'라고 한다. 이러한 상태에서는 쉽게 놀라고 매 순간 경계심을 느끼며 긴장을 풀지 못한다.

복합 PTSD는 반복되고 지속적인 사건들의 결과로 나타난다. 삶의 어느 시점에서나 복합 PTSD가 발생할 수 있지만, 이 책에서는 어린 시절 공포, 혼돈, 거부, 유기와 같은 환경에서 자라나서 생겨난 트라우마에 초점을 맞춘다. 이 책을 읽고 있는 당신은 부모로부터의 학대, 방치, 가정 폭력에 노출됐거나 형제자매로부터의 학대 혹은 아무도 보호해주지 않는 지속적 괴롭힘을 경험했을 수 있다. 복합 PTSD는 종종 위협적이고 피할 수 없는 사건에서 발생하지만 만성적으로 거부당하거나 오랫동안 혼자 남겨진 정서적 방임의 결과이기도 하다. 애정을 가지고 보살펴주는 양육자의 부재는 대부분 위험한 상황이나 사람으로부터 적절한 보호를 받지 못한 것과 관련된다.

세계보건기구WHO 국제질병분류ICD-11에 따르면, 복합 PTSD 진단에는 PTSD 증상과 세 가지 추가 증상이 범주에 포함된다. 감정 조절의 어려움, 자기가치감self-worth 손상, 대인관계 문제다. 또한 복합 PTSD는 침습적인 플래시백, 공황, 참을 수 없는 강렬한 분노, 절망감, 만성적인 수치심뿐만 아니라, 매우 혹독한 '내면의 비판자inner critic', 타인에 대한 불신과도 관련 있다.

증상과 관련해 알아야 할 가장 중요한 점은, 이는 오랜 세월 동안 학습된 행동이며, 다른 경험을 통해 변화될 수 있다는 것이다. 어린 시절의 트라우마는 관계에서 경험한 트라우마이기 때문에 그 상처들은 우리가 다른 사람과 어떤 식으로 관계 맺는지와 관련되어 있다. 치료 과정은 새로운 학습과 성장을 경험할 수 있는 최선의 기회다. 이 치유 관계 안에서 당신은 새롭고 건강한 대처 전략을 구축하면서 동시에 회복의 관계를 경험할 수 있을 것이다.

애착 이론Attachment Theory

우리 삶의 첫 3년은 애착이 발달하는 시기다. 이 기간 동안 우리는 세상과 그 안에 살고 있는 사람들에게 어떻게 반응해야 하는지 배운다. 건강한 대인관계 기술을 발전시키기 위해서는 부모와 다른 주요 보호자와의 관계에서 안전하고 보호받는다고 느껴야 한다. 이를 통해 건강한 자기감sense of self이 발달하며 성인으로서 의미 있고 견고한 관계를 유지하는 능력의 기초가 된다.

아이의 애착 유형은 타고난 기질과 양육자의 경험을 바탕으로 발달하며 이에 따라 양육자에게 반응한다. 애착 유형을 좀 더 자세히 살펴보자.

안정 애착 Secure attachment

안정 애착 유형은 주 양육자가 예측할 수 있고, 일관되며 신뢰할 수 있는 반응을 보여줄 때 형성된다. 부모가 완벽해야 한다는 말이 아니다. 부모와 자식 사이에 단절된 느낌이나 오해는 불가피하게 일어난다. 하지만 "충분히 좋은" 부모는 연결이 끊어진 순간을 복구할 기회를 제공한다. 그리고 이것은 아이가 스트레스를 처리할 수 있는 능력을 키워준다. 안정된 애착을 느끼는 아이는 부모를 편안함의 원천으로 여기며, 집과 같은 돌아갈 수 있는 안전한 장소가 있다는 것을 알기 때문에 주변 세상을 편안하게 탐험하고, 배우고, 놀 수 있다. 이러한 안도감은 성인이 되었을 때 피할 수 없는 갈등을 능숙하게 처리해 나가는 능력과 다른 사람들과 의미 있는 관계를 발전시키는 능력으로 나타난다.

불안정 양가 애착 Insecure ambivalent attachment

불안정 양가 애착 유형은 주 양육자가 일관성이 없고 예측할 수 없을 때 생긴다. 때로는 보살핌을 받고 있다고 느낄 때도 있지만, 그에 못지 않게 원하는 것은 표현했을 때 거부당하거나 고함을 들었던 경험도 공존한다. 이러한 혼란스러운 메시지는 불확실성을 느끼게 하는데, 부모를 필요로 할 때 사랑을 주고 보호해주는 부모가 자신의 곁에 있으리라는 것을 믿을 수 없기 때문이다. 이런 경우 성인이 되었을 때 버림받는 것에 강한 두려움을 느낄 수 있다. 자기 삶에서 중요한 사람들, 특히 배우자나 연인에게 과도하게 의존하는 경향이 있다.

불안정 회피 애착 Insecure avoidant attachment

불안정 회피 애착 유형은 주 양육자가 양육에 별로 관여하지 않고 거리감이 있으며 아이가 원할 때 곁에 없는 경우 형성된다. 사랑받고, 수용되고, 나를 바라봐줬으면 하고, 이해받고 싶은 것은 아이의 기본 욕구다. 기본 욕구가 외면당하거나 무시당한 결과 아이는 독립적으로 행동하고 자신의 욕구를 스스로 채우는 방법을 배운다. 불안정 회피 애착 유형을 가지고 있는 경우, 어른이 되었을 때 자신의 감정뿐만 아니라 타인의 감정도 외면하고 무시하는 태도를 보일 수 있다. 타인과의 관계, 특히 배우자나 연인과의 관계에서 상대방이 더 깊은 관계를 원할 때 친밀감을 느끼는 것을 어려워한다.

혼란형 애착 Disorganized attachment

혼란형 애착 유형은 주로 부모가 아이를 혼란스럽게 대하고 학대할 때 생긴다. 이때 부모는 아이에게 사랑과 보살핌의 근원이 아니라 두려움을 주는 존재다. 그러나 우리는 모두 타고난 애착 욕구를 가지고 있기에 공격적이고 잔인한 학대자라 할지라도 여전히 부모에게 애착을 느낀다. 부모에게 다가가려고 하는 본능적인 친밀감의 욕구와 그에 못지않게 위험을 피하려는 강한 욕구 사이에 이중 구속double bind이 존재한다. 이와 같이 해결할 수 없는 딜레마는 시간이 지남에 따라 무력감과 절망감으로 이어진다. 혼란형 애착을 가진 사람들은 성인기에 공포, 초조, 분노와 같은 과도하게 각성된 감정을 경험하거나 혹은 패배감, 절망, 우울과 같은 저각성된 감정을 번갈아 느낄 수 있다. 또한 많은 경우 학대자와 협력하거나 스스로 가학적으로 행동함으로써 어린 시절에 배운 관계 패턴을 반복한다.

성장 과정에서 부모는 저마다의 방식으로 아이를 대하기 때문에 아이는 몇 가지 애착 전략을 조합하여 발달시킨다. 여기서 중요하게 알아두어야 할 점은 우리는 '획득된 안정 애착Earned secure attachment'을 발달시킬 수 있다는 것이다. 즉, 부모가 가르쳐주지 않았음에도 불구하고, 성인기에 안정적인 애착을 배울 수 있다. 먼저 어린 시절의 경험이 나의 자아감 형성에 어떤 영향을 미쳤는지를 이해해야 한다. 자신의 과거에 대해 일관되고 명확하게 이야기할 수 있는 능력은 획득된 안전감의 지표다. 본인의 애착 문제를 이해하게 되면, 다른 사람의 지원을 받기 위한 시도를 할 수 있으며, 그 과정에서 점점 더 진정한 연결감을 경험할 수 있다. 이런 자기알아차림self-awareness은 사랑하는 사람을 오해하거나 사랑하는 사람으로부터 상처받았을 때 그 상황을 성공적으로 극복하게 한다.

복합 PTSD의 증상

아래는 복합 PTSD의 일반적인 증상이다. 주요 증상에 대한 자세한 설명이 다음 장에서 이어지겠지만 먼저 간략하게 소개한다.

회피 증상

회피는 고통스럽고 충격적인 기억과 불편한 감각, 감정과의 연결을 차단하고자 하는 행동이다. 보통 과거를 생각나게 하는 장소나 사람을 멀리한다. 사회적 상황에서 벗어나거나 통증을 없애기 위해 물질 또는 약물을 사용하기도 한다.

침투, 침습 증상

흔히 재경험이라고 불리는 침투 혹은 침습 증상은 안전하고 편안하다고 느끼는 능력을 방해한다. 어떤 경우에는 트라우마의 분명한 기억이 악몽이나 플래시백으로 나타난다. 아주 어렸을 때 겪었던 충격적인 사건으로 인해 감정이 북받치거나 몸에서 불편한 느낌을 경험할 수도 있다. PTSD의 여러 증상 중 가장 큰 어려움은 실제로 안전한 상황에 있을 때도 마치 위협받고 있는 것처럼 느낀다는 점이다. 이처럼 전반적으로 퍼져 있는 위험에 대한 감정은 과도한 경계를 유발하고 주변에서 들리는 소리와 보이는 것에 매우 민감히 반응하게 한다.

우울 증상

침습 증상 중 하나로 종종 불안과 우울감이 번갈아 나타나는데, 이때 뭔가 차단되고 버거운 느낌을 경험한다. 아이는 반복되는 정서적, 신체적 학대를 피할 방법이 없을 때 무력감을 느끼며, 무엇을 해도 다 소용없다는 절망감을 느낀다. 할 수 있는 것은 아무것도 없고, 앞으로 그 무엇도 변하지 않을 것이라는 느낌은 세상을 바라보는 시각에 전반적으로 퍼져 당신을 지배한다.

감정 조절의 어려움

어린 시절 트라우마와 애착의 상처는 정서적으로 불안정감을 느끼게 한다. 특히 부모에게 버림받거나, 거부당하고, 위협 혹은 감당할 수 없는 느낌을 받은 경우, 종종 과민해지고 화가 나거나 심한 분노에 압도된다. 이러한 정서적 고통은 자신 혹은 다른 사람에게 상처를 주고자 하는 충동으로 발전할 수 있다.

해리 증상

해리는 복합 PTSD를 겪는 사람들이 많이 경험하는 증상이면서 동시에 가장 힘들어하는 증상이다. 해리는 고통에서 살아남기 위해 만들어진 심리적, 생리적 생존 기제다. 예를 들어 학대하는 보호자에게 의존해야 하는 어린아이는 환상을 통해서라도 이 위험한 상황을 견딜 만한 것으로 만들려고 한다. 가령 자신이 처한 현실과 직면하지 않기 위해 이상적인 엄마나 아빠를 상상 속에서 만든다. 생리적으로 해리 증상은 감정과 감각을 무감각하게 만드는 신경 화학 물질의 영향으로 생기는데, 이 때문에 해리가 일어나면 기억이나 의식이 가물가물하고 현기증이 나거나 메스꺼움, 피곤함을 느낄 수 있다. 때때로 충격적인 사건을 기억하는 것을 어려워하거나, 전혀 기억하지 못해 현실감을 잃어버리기도 한다.

대인관계 문제

애착 문제는 성인기에 건강한 관계를 형성하는 능력을 방해한다. 다른 사람을 신뢰하거나 친밀감을 느끼기 어렵고, 과도하게 의존적이거나 자신을 표현하는 것에 어려움을 겪는다. 혹은 정반대로 지나치게 자립적인 패턴이 발달하여 누구에게도 의지할 수 없다는 왜곡된 믿음을 가질 수도 있다. 그 결과 사랑하는 사람들을 불필요하게 밀어낸다.

자기인식 문제

복합 트라우마는 자기가치감 손상과 관련 있다. 학대받거나 방치된 경험은 흔히 자기비난으로 이어진다. 부모가 술을 마시는 것을 막지 못했던 것을 자신의 탓으로 돌리거나 학대받는 형제를 보호하지 못한 자신은 무력하고 무가치하며, 세상은 신뢰할 수 없다고 믿기 시작한다. 자신에게 잘못이 있거나, 자신을 손상되었고, 무가치하고, 실패한 존재라고 믿는 독성의 수치심toxic shame을 가진다. 이러한 부정적인 신념과의 과도한 동일시는 왜곡된 자기감을 형성한다.

학대자에 대한 왜곡된 생각과 감정

때때로 복합 PTSD 생존자는 학대하는 보호자와의 관계에서 엄청난 혼란을 느낀다. 예를 들어 학대하는 부모와의 관계를 계속 유지해야 하는지 고민하면서 죄책감을 느끼거나 슬퍼한다.

혹 부모 또한 어렸을 때 학대를 당했다는 사실을 알게 되면 부모의 고통에 대신 책임감을 느끼기도 한다. 반대로 학대하는 부모가 여전히 자신의 삶을 통제하고 있다는 사실에 화가 나고 억울할 수도 있다.

압도하는 절망감과 좌절감

어린 시절 트라우마를 경험한 생존자는 깊은 실존적 외로움이나 절망감을 가지고 있다. 또한 트라우마와 학대에 뒤따라오는 극도의 무감각 혹은 분별력 저하가 나타난다. 결과적으로 사람에 대한 기본적인 신뢰나 권위자에 대한 신뢰를 잃어버리게 되고 이러한 압도적인 절망감은 삶의 목적이나 의미를 찾는 능력을 방해한다.

지금까지 소개한 복합 PTSD의 핵심 증상 외에도 고통스러운 감정과 기억으로 인해 여러 증상과 문제 행동이 생겨난다. 피부를 뜯는다거나, 머리카락 뽑기, 손목을 긋거나, 자살 사고, 식이장애, 충동성 및 과도한 위험 추구 행동 등이 있다.

복합 PTSD와 관련하여 흔히 일어나는 오진

과거에는 정신 건강 전문가들조차 복합 PTSD를 제대로 이해하지 못했다. 그 결과, 어린 시절 트라우마를 경험한 많은 사람이 잘못된 진단을 받았다. 때문에 효과적인 정신 건강 관리를 받기 어려웠고, 잘못된 약 처방을 받거나 적절한 치료를 받지 못하는 경우도 많았다. 예를 들어, 정서 조절의 어려움으로 어느 시기에는 불안감을 느끼고 또 어느 시기에는 우울감을 경험하는 내담자가 있을 때 그의 트라우마 과거력을 이해하지 못한다면 치료자는 이러한 '기분의 두드러진 변화'를 양극성 장애Bipolar Disorder의 증상이라고 오해할 수 있다. 때로 한 가지 이상의 질환이 있을 수 있는데 이것을 보지 못하면 잘못된 진단이 내려질 수 있다. 예를 들어, 복합 PTSD와 주의력 결핍 과잉 행동 장애ADHD가 동시에 있을 수 있다. 복합 PTSD와 흔히 공존하는 진단 혹은 자주 오진이 되는 장애는 다음과 같다.

- 경계성 인격 장애 또는 기타 인격 장애
- 양극성 장애
- 주의력 결핍 과잉 행동 장애
- 감각 처리 장애Sensory Processing Disorder
- 학습 장애
- 공황 장애 및 강박 장애를 포함한 불안 장애
- 주요 우울 장애 또는 불쾌감Dysphoria
- 신체화 장애(심리 장애를 신체 증상으로 경험함)
- 약물 남용 또는 의존

이 글을 읽으면서 당신이 잘못된 진단을 받았다고 생각된다면, 믿을 만한 치료자와 의논해 보길 바란다. 자신의 증상을 제대로 아는 것은 건강 관리의 기본이자 자신의 건강을 잘 관리하고자 하는 스스로를 격려하고 용기를 불어넣는 큰 힘이 된다.

마이클의 이야기

"이렇게는 못 살겠어요"

"모든 것이 내 삶이 얼마나 끔찍했는지 상기시켜요. 분명 나에게 뭔가 문제가 있어요. 매일 안절부절못하고 이유도 없이 화가 나거든요. 이렇게는 못 살 것 같다는 느낌이 들어요. 사는 게 대체 무슨 의미가 있나요?"

마이클은 해결되지 않은 어린 시절의 트라우마로 오랜 시간 고통받았다. 그의 절망감은 나날이 심해지고 있었다. 그와 내가 서로에 대해 알아가면서, 나는 마이클이 성장기에 가정에서 엄청난 혼란을 겪었다는 것을 알게 되었다. 그는 7남매 중 셋째 아이였는데, 그의 어머니는 늘 불안했고 모든 것을 버거워했다. 아버지는 가계를 유지하기 위해 두 가지 일을 하느라 거의 집에 없었다. 이따금 아버지가 집에 있을 때는 대부분 화가 나 있었다.

치료를 통해 마이클은 마침내 자신의 분노 감정을 이해할 수 있는 길을 찾았다. 어렸을 때 그는 혼란스러운 가정 내에서 자주 길을 잃어버린 것 같은 느낌을 경험했다. 이제 그는 지지를 받으면서 자신의 상처와 슬픔에 주의를 기울일 수 있게 되었다. 시간이 지나면서 마이클은 자신에게 아무런 문제가 없다는 것을 깨달았다. 자신에게 문제가 있다고 느꼈던 감정은 아이의 필요를 충족시켜주지 못한 부모 밑에서 자란 결과물일 따름이었다. 과거의 고통을 직시하는 것이 쉽지 않았지만, 그것은 자기이해와 자기연민을 증진하는 데 도움을 주었다. 이로써 그는 처음으로 희망을 품었다.

복합 외상 후 스트레스 장애 치료법

복합 PTSD에 가장 많이 적용하는 치료법은 다음과 같다. 인지행동치료Cognitive Behavioral Therapy; CBT, 변증법적 행동치료Dialectical Behavioral Therapy; DBT, 파트 작업 치료Parts Work Therapy, 안구운동 민감소실 및 재처리 요법Eye Movement Desensitization and Reprocessing; EMDR, 소매틱 심리학Somatic Psychology, 보완 및 대체의학Complementary and Alternative Medicine; CAM. 많은 연구 결과가 각각의 치료 접근을 뒷받침하고 있으며, 효과가 입증된 방법들이다.

인지행동치료

인지행동치료는 아론 벡Aaron Beck 박사에 의해 불안이나 우울증으로 어려움을 겪는 사람들을 위해 개발되었다. 이 치료법은 트라우마 회복을 위한 가장 효과적인 치료법 중 하나로 알려져 있다. 인지행동치료는 생각, 감정, 행동 사이의 관계를 점검해 감정 조절을 어렵게 하는 사고의 패턴을 확인하는 기술이다. 예를 들어, 트라우마는 지속적으로 안전하지 않다고 느끼게 하는데, 만일 이런 느낌이 '절대 안전할 수 없을 것'이라는 믿음으로 확장되면 집밖으로 나가는 것조차 기피하게 되고 점점 고립감과 공포심이 커진다. 결과적으로 외로움의 악순환 패턴을 스스로 강화하는 것을 초래한다.

인지행동치료에는 몇 가지 변형이 있다. 스티븐 헤이스Steven Hayes 박사가 개발한 수용전념치료Acceptance and Commitment Therapy; ACT는 감당하기 힘든 감정이 고통스러운 사건에 대한 정상적인 반응임을 인식하는 것이다. 수용전념치료는 친절과 수용을 통해 고통스러운 감정을 다른 방향으로 바라볼 수 있도록 권유한다. 이를 통해 불쾌한 경험을 피하려는 경향을 줄여 나간다.

내러티브 노출치료Narrative Exposure Therapy; NET는 매기 샤우어Maggie Schauer, 토마스 엘버트Thomas Elbert, 프랭크 노이너Frank Neuner가 개발했다. 이 치료법은 인생의 어려웠던 순간과 긍정적인 순간을 모두 포함하는 전기적 서술biographical narrative을 작성하도록 안내하여 다양한 감정을 처리한다. 치료 과정에서 작성한 인생 이야기는 정체성을 강화하는 데 도움이 된다.

일반적으로 트라우마 치료를 위한 인지행동치료는 '노출exposure'이라는 기법을 이용하는데, 트라우마 과거력을 반추해보거나 글을 쓰는 것이다. 노출의 목적은 고통스러운 사건을 생각할 때 느껴지는 괴로움을 감소시키는 것이다. 처음에는 트라우마에 관해 이야기하는 것이 불편할 수도 있지만 연습하며 노출시키다 보면 통제감과 자신감을 키울 수 있다.

복합 PTSD를 가지고 있는 일부 내담자에게는 노출 치료가 너무 직접적이라고 느껴질 수 있다. 만일 어떤 치료 개입이 당신에게 적절하지 않다고 느껴지면 치료자에게 솔직하게 말하는 것이 중요하다. 내담자가 치료 방법을 선택할 수 있다. 결코 강제로 적용돼서는 안 된다.

변증법적 행동치료

변증법적 행동치료는 경계선 인격 장애가 있는 사람들을 위한 치료법으로 마샤 리네한Marsha Linehan 박사가 개발했다. 변증법적 행동치료는 마음챙김과 이완 전략을 결합한 인지행동치료의 한 유형이다. 이러한 기술은 복합 PTSD에서 흔히 나타나는 감정 조절 장애 및 대인관계 문제에 특히 도움이 된다. 변증법적 행동치료는 공격성, 약물 남용 또는 기타 건강에 해로운 대처 기제에 의지하지 않고 고통스럽고 강렬한 감정을 다뤄나가는 방법을 가르쳐준다. 혼란스러운 감정을 경험하는 것은 본질적으로 나쁜 것이 아니며, 내가 하는 생각과 감정이 내가 어떤 사람인지를 정의하는 것이 아님을 이해하도록 돕는다. 마음챙김은 '온정적인 관찰자', 즉 판단하지 않고 사랑으로 자신을 받아들이는 능력을 키우는 데 도움이 된다.

또한 변증법적 행동치료는 대인관계에서 일어나는 다루기 어려운 감정들에 건강하게 대처하는 법을 알려준다. 예를 들어, 당신이 배우자나 연인에게 거절당한 느낌을 경험한다면, 당신은 소리를 지르고 싶은 충동을 느낄 수 있다. 이런 경우 변증법적 행동치료는 당신 자신에게나 상대방에게 잘못된 결정을 내리지 않으면서 친밀감을 만들어나갈 수 있도록 돕는다. 치료법을 연습하는 과정에서 자기존중감을 기르고 자신과 타인에 대한 존중과 정당함을 바탕으로 갈등을 다루는 힘을 키운다.

안구운동 민감소실 및 재처리 요법

안구운동 민감소실 및 재처리 요법은 트라우마 기억과 관련된 고통을 완화하기 위해 프랜신 샤피로Francine Shapiro 박사가 개발했다. EMDR 치료의 초기 단계에서는 고통에 대처할 수 있는 긍정적인 자원을 개발한다. 예를 들어, 안전하고 편안한 느낌을 주는 스트레스 감소 기술이나 이미지를 탐색한다. EMDR 치료를 통해 고통스러운 기억을 다뤄나가는 과정은 전문 치료자와 함께하는 것이 가장 좋지만, 긍정적 자원을 찾고 편안한 느낌을 강화하는 과정은 스스로 연습할 수 있다.

EMDR 치료는 트라우마 기억으로 인한 고통을 다루는 매우 유용한 치료법으로, 효과적으로 적용할 수 있는 대처 전략을 충분히 연습한 후에 진행한다. 치료는 트라우마와 관련된 가장 고통스러운 이미지를 찾고, 관련된 부정적 믿음, 감정 및 신체 감각을 찾는 과정이 포함된다. 그런 다음 트라우마 기억에 집중하는 동시에 지금 여기의 경험을 의식적으로 자각하고 유지하는 '이중 자각dual awareness'을 사용해 트라우마 기억의 괴로움에 주의를 기울인다. 특별히 EMDR 치료는 REM 수면(일상에서 일어나는 사건과 경험을 처리하는 수면 단계)과 유사한 좌우 안구 운동을 사용한다. 그외에 손으로 두드리기, 헤드폰을 통해 좌우 번갈아 가며 소리 듣기, 왼손과 오른손에 번갈아 진동을 전달하는 작은 휴대용 진동 장치 등 양측성 자극을 주는 방법을 사용한다. 이와 같은 양측성 자극과 함께 기억에 대해 생각할 때 더 이상 고통스러움을 느끼지 않는 지점에 도달하게 되며, 이때 자기감을 강화하는 새롭고 긍정적인 믿음에 집중해, 이를 강화한다.

파트 작업 치료

트라우마 생존자는 어린 시절의 트라우마로 인해 늘 자신과 전쟁을 벌이고 있는 듯한 느낌으로 지내고 있을 수 있다. 당신의 내면에는 맹렬한 비판자, 완벽해야 한다는 강한 욕구를 가진 부분과 작고 무력하다고 느끼는 어린 자아 부분이 동시에 있을 수 있다. 파트 작업 치료는 어린 시절 경험한 해결되지 않은 고통이, 그러한 감정과 기억에 주의를 기울여줄 때까지 당신의 일부로 그대로 남아 있음을 인식하도록 도와준다. 내면의 부분을 다루기 위한 몇 가지 치료 접근이 있는데, 주요하게 로빈 샤피로Robin Shapiro가 개발한 자아 상태 개입Ego State Intervention과 리처드 슈워츠Richard Schwartz가 창안한 내면가족체계 치료Internal Family System Therapy; IFS가 있다.

파트 작업 치료는 해리 증상이 있는 경우 특히 도움이 된다. 우리는 성장하며 겪은 가족 내에서의 경험을 내면화하는 경향이 있다. 예를 들어, 당신에게 비판적인 부모가 있다면 부모의 비난하는 말과 태도들이 당신 마음속에 내면의 비판자로 자리 잡을 수 있다. 또는 어렸을 때 버림받았다고 느꼈다면, 당신은 현재에도 자신을 보살피고자 하는 욕구를 무시하고 있을 수 있다.

파트 작업은 궁극적으로 성인 자아의 관점으로 자신을 바라보도록 촉진한다. 당신은 이제 성인이다. 아이였을 땐 할 수 없었던 많은 것들에 선택권을 가지고 있다. 원치 않는 것은 거절하고 원하는 것을 요청할 수 있으며, 자신의 경계를 주장하며 자신을 보호할 수 있다. 고통스러운 감정은 과거의 기억과 연결된 것이며, 이제 그 사건은 지나갔음을 성인으로서 인식할 수 있다. 일단 성인 자아와의 연결이 일어나면 어린 자아가 품고 있었던 취약한 감정들에 온정적으로 주의를 기울인다.

소매틱 심리학

소매틱 심리학은 심리치료 과정에서 신체 자각에 초점을 둔다. 트라우마는 우리의 생리적 상태에 큰 타격을 주며 복합 PTSD의 많은 증상은 몸으로 경험된다. 예를 들어, 지나치게 각성하고 경계하는 상태는 긴장을 풀 수 없게 만들어 안정감을 느끼는 데 방해가 되거나 수면 문제로 이어진다. 반대로 우울증 증상은 몸을 나른하고 무겁고 피곤하게 만들 수 있다.

소매틱 치료는 신체의 에너지를 복원하고 타고난 회복탄력성을 활용한다. 오늘날 가장 많이 적용하는 소매틱 치료법은 피터 러빈Peter Levine이 개발한 소매틱 익스피리언싱Somatic Experiencing; SE과 팻 오그던Pat Ogden이 개발한 감각운동 심리치료Sensorimotor Psychotherapy; SP다. 이러한 치료법은 감각 알아차림, 움직임, 호흡과의 연결을 치유 과정에서 이용한다. 소매틱 치료는 초기에 신체 감각을 자각하고 충분히 안정된 느낌feel grounded을 경험하도록 도와주면서 자원을 구축할 수 있도록 이끈다. 그런 다음 트라우마로 인한 영향이 당신의 몸에 갇혀 있는 방식을 다루어나간다.

소매틱 심리학은 무슨 일이 일어났는지 정확히 기억할 수 없더라도 트라우마 사건을 치유할 수 있다. 자기 경험에 관해 이야기하는 것에 집중하기보다는 마음챙김을 통해 신체 감각과 감정 탐색에 집중하기 때문이다. 예를 들어, 목이 조이는 듯한 느낌이 든다면 이 느낌과 관련된 움직임이나 어떤 소리가 있는지 따라가 본다. 이처럼 목의 느낌과 연결하여 머물다 보면 이와 유사한 어린 시절의 느낌이 떠오를 수 있다. 이 과정은 연결에 대한 갈망이나 상실에 대한 슬픔처럼 오랫동안 품고 있던 감정을 해소한다. 치료를 통해 당신은 뭔가 몸이 열리는 느낌이 들거나 "나만의 목소리를 찾았다"라는 느낌을 받을 수 있다. 궁극적으로 소매틱 심리학은 자기확신 또는 자신을 북돋우는 것과 같은 새롭고 긍정적인 상태를 통합하고 체화한다.

보완 및 대체의학

아동기 트라우마는 소화기 문제, 섬유근육통, 자가면역 질환, 만성 통증 등 건강 문제를 일으킬 수 있다. 보완 및 대체의학은 소매틱 심리학과 마찬가지로 정신과 신체의 연결에 중점을 두고, 영양, 마사지 요법, 이완 전략, 운동, 명상 및 요가를 활용한다.

해결되지 않은 극심한 스트레스traumatic stress는 자율신경계(심장 박동과 같은 의식적 자각 없이 이루어지는 신체 기능을 제어하는 시스템)의 불균형을 초래한다. 자율신경계는 교감 신경계와 부교감 신경계라는 두 개의 하위 시스템으로 나누어지는데, 혈압과 동공 확장과 같은 우리 몸의 미세한 부분을 조절한다. 교감 신경계는 우리가 위협을 느낄 때 작동하여 위협에 맞서 싸우거나 도망치거나 얼어붙을 준비를 한다. 위협이 사라지면 부교감 신경계가 작동하여 안정을 되찾는다. 그런데 반복적으로 스트레스를 받게 되면 휴식 없이 지속해서 높은 각성 상태에 머무르게 되어 피로하거나, 안개가 낀 것처럼 몽롱하거나, 어지러움을 느끼는 각성 상태에 갇힌다. 두 가지 패턴을 모두 경험할 수도 있는데, 이 경우 압도되는 과도 각성 느낌과 차단되는 느낌이 번갈아 나타난다. 정신과 신체에 초점을 둔 이 치료법은 자율신경계의 균형 유지에 도움을 준다.

치유의 단계

복합 PTSD의 치유는 단계적으로 이루어지는 것이 이상적이다. 치유의 첫 번째 단계는 안전과 안정화 확립이다. 앞서 설명한 치유 전략들을 사용하여 몸의 감각과 감정을 느끼면서 현재 이 순간에 머무는 능력을 키운다. 안전함을 경험했던 때, 다른 사람과 연결되었다고 느꼈던 때, 혹은 자신에 대해 연민을 느꼈던 순간을 떠올려 자원을 구축한다. 이러한 자원들은 과거와 현재를 구별하는 것을 돕는다.

두 번째 단계는 인지행동치료, EMDR 치료, 소매틱 심리학을 사용하여 트라우마 기억을 직면하고 처리한다. 어쩌면 내담자는 아직 트라우마 해결과 통합을 향해 나아갈 준비가 되지 않았다고 느낄 수 있다. 이런 경우에는 내담자가 필요로 하는 만큼 안전과 안정화를 위한 치유에 시간을 더 할애한다. 준비가 되었다고 느끼면, 내면 자원을 적절하게 활용해 안정감을 유지하면서 내담자의 속도에 맞추어 조심스럽게 트라우마의 작은 기억 조각에 주의를 기울여 나간다. 이런 과정은 당신이 과거의 기억을 떠올릴 때 압도되지 않도록 도와줄 것이다.

과거 트라우마 사건을 직면하고 나면 자연스럽게 치유의 세 번째 단계로 나아간다. 이 단계는 생존을 위해 분리된 채로 남아 있었던 자신의 부분을 통합해 나가는 과정이다. 종종 이 단계에서 삶의 의미와 목적에 관한 성찰을 얻게 되는데, 궁극에는 과거의 고통스러운 사건으로 인해 성장할 수 있었음을 인정하는 것을 포함한다.

약물 치료는 어떻습니까?

복합 PTSD를 가지고 있는 많은 사람은 일반 의사와 정신과 의사에게 도움을 요청한다. 때로 내과 전문의가 심리치료를 의뢰하지 않고 단독 치료로 약물만을 처방할 때도 있다. 약물은 증상을 줄이는 데 도움이 될 수 있지만, 트라우마 전문가의 상담 치료와 병행하는 것을 권장한다. 또한 약물이 미치는 영향에 대해 정확한 정보를 얻어 현명한 결정을 내릴 수 있는 것이 중요하다. 다음은 복합 PTSD 치료에서 자주 쓰이는 약물에 관한 설명이다.

선택적 세로토닌 재흡수 억제제Selective Serotonin Reuptake Inhibitors; SSRIs

푸로작, 졸로푸트, 혹은 팍실과 같은 SSRI는 일반적으로 항우울제로 사용되지만 트라우마 치료에도 활용된다. 분노, 과민, 우울과 같은 과도 각성과 관련한 증상들을 줄이는 것에 매우 효과적이다. 하지만 재경험 증상이나 해리 증상에는 효과가 떨어진다.

벤조다이아제핀Benzodiazepines

바리움, 자낙스, 아티반 및 클로노핀과 같은 벤조다이아제핀은 대체로 불안, 수면 장애 및 신체 통증을 빠르게 감소시키기 위해 처방된다. 2012년에 이런 종류의 약물은 중독성이 강하고 치유 과정을 지연시키기 때문에 PTSD 치료에 해로운 약물로 재분류되었다. 실제로 이런 약물들을 지속해서 사용할 때 오히려 불안이 악화되고 과민함과 수면 장애가 증가하는 것으로 나타났다. 또한 자율신경계의 과도한 억제로 해리 증상의 위험이 증가한다.

각성제 처방Prescription Stimulants

애더럴, 리탈린과 같은 주의력 결핍 과잉 행동 장애 치료제는 집중이 필요할 때 도움이 될 수 있지만, 최근에 트라우마를 경험한 경우라면 해로울 수 있다. 뇌에서 기억이 생생하고 오래 지속되도록 지원하는 노르에피네프린의 직접적인 방출을 유발해 불안감이 증가할 수 있기 때문이다.

새롭고 실험적인 치료법

몇 가지 약물들이 트라우마 치료에 유용한 결과를 보여주고 있다. 프라조신, 케타민, 저용량 날트렉손이다. 프라조신은 악몽을 줄이는 데 효과가 있고, 케타민은 우울 증상과 자살 사고를 줄이는 데 도움이 된다. 저용량 날트렉손은 해리 증상과 만성 통증에 특히 효과적이다.

✦

자가 진단

나의 상태는 어떤가요?

1장을 마치면서 잠시 쉬어가며 나의 내면에 대해 성찰해 보자. 앞서 설명한 복합 PTSD 관련 내용과 증상 중에 나와 관련된 것이 있는가? 진단을 잘못 받았거나 건강 관리가 제대로 되지 않았다고 느낀 적이 있는가? 만약 그렇다면 치료자와 함께 의논하는 것이 중요하다. 정확한 진단을 내리고 적절한 치료 계획을 세우기 위해 치료자와 협력하는 과정에 큰 도움이 될 것이다. 덧붙여, 지금까지 책을 읽으면서 당신을 자극하거나 혹은 뭔가 활성화된 느낌을 주는 내용이 있었는지 살펴보자. 만일 그렇다면 지금은 자기돌봄에 집중할 시간이다. 책 전반에 걸쳐 많은 자원이 소개될 예정인데, 우선 첫 번째 치유 전략인 '선택권 되찾기reclaim choice'부터 시작해 보자. 이러한 대처 전략 중 어떤 것이든 필요하면 언제든 바로 시작할 수 있다는 것을 기억하자.

✦

치유 전략

선택권 되찾기

복합 PTSD의 증상은 압도하는 강렬한 감정이다. 이러한 감정 때문에 트라우마에 대해서 생각할지, 혹은 언제 생각하지 않을지 선택 감각을 잃어버리기 쉽다. 이때 무엇보다 중요한 치유 전략은 선택권과 통제권을 되찾는 것이다. 고통스러운 생각, 기분, 정서, 기억을 옆으로 치워두거나 어딘가에 담아둘 기회를 스스로에게 주는 전략이다. 이를 위해서 트라우마를 치유하기 위한 시간을 따로 떼어두기로 자신과 의식적으로 합의한다. 예를 들어, 직장에서 일하고 있을 때나 아이를 돌보고 있을 때 충격적인 기억에 대해 생각하는 것을 원치 않을 것이다. 치유를 치료자와 약속된 시간에 한다는 것은 곧 트라우마를 해결할 지지적인 장소와 시간을 마련하는 것을 의미한다. '선택권 되찾기' 치유 전략에는 두 가지 접근 방식이 있다.

- 자신과 구두로 약속한다. 치유 과정을 함께할 치료자와 적절한 시간과 적당한 공간에서 트라우마에 주의를 기울

이겠다고 자신과 구두로 합의한다. 마음속으로 지금 당장은 트라우마에 대해 생각하지 않겠다는 것을 자신에게 허용해 주자. 몇 번 깊게 숨을 들이마시며, 과거의 고통스러운 기억을 언제 생각할지의 선택을 내가 할 수 있다는 것을 상기한다.

- 트라우마 기억을 보관한다. 고통스러운 감정, 이미지, 혹은 감각이 계속해서 끼어드는 것이 느껴진다면, 괴로움에 대해 글로 써보자. 타이머를 10~15분으로 설정하고 마음속에 떠오르는 것을 무엇이든 적는다. 타이머가 울리면 글쓰기를 멈춘다. 이런 방법을 통해 나를 고통스럽게 하는 기억들은 치료받으러 갈 때까지 일기장 안에 안전하게 보관해 둔다.

모든 새로운 행동은 연습을 통해 보다 수월해진다. 트라우마에 대해 생각할지, 언제 생각할지에 대한 선택권이 더 충분히 느껴질 때까지 필요할 때마다 이 치유 전략을 연습한다.

2

회피 증상 치유

"나는 지금 여기에 있는 법을 배우고 있습니다"

과거의 기억을 떠오르게 하는 무언가에 자극받은 후 사회적으로 고립된 적이 있거나 감정적 고통을 무감각하게 만들기 위해 음식이나 술을 과하게 먹은 적이 있는가? 그렇다면 당신은 혼자가 아니라는 것을 아는 것이 매우 중요하다. 위와 같은 행동은 회피 행동의 예시며, 어린 시절 트라우마를 겪은 생존자에게서 흔하게 나타나는 증상이다. 2장에서는 과거를 생각나게 하는 사람이나 장소를 밀쳐내고 싶은 충동이 왜 생겨나는지 탐색한다. 또한 '지금 여기'에서 경험하는 안전감을 마음챙김으로 증진하고, 회피 행동보다 현명한 대처 행동 방안들을 배운다. 이는 우리로 하여금 만족스러운 삶을 살아나가도록, 그리고 다른 사람과의 관계를 개선할 수 있도록 도와줄 것이다.

알리시아의 이야기

"도망가야 한다는 생각이 들어요"

알리시아는 상담실에 들어와 출입문과 가장 가까운 의자 끄트머리에 걸터앉았다. 상담을 시작하자 그녀는 "거의 항상 도망치는 것을 생각해요"라고 말하며, 몸에서 늘 조마조마함을 느낀다고 했다. 우리는 치료를 시작하며 첫 번째 합의 사항으로 그녀가 치료실을 떠나고자 할 때 언제든 이를 허용한다고 정했다. 그리고 이 점을 다시 한번 상기시켰다. 그러자 그녀는 의자에 조금 더 깊게 들어가 앉았다. 나는 즉시 아주 미묘한 변화가 시작되었음을 알아차렸다.

알리시아의 '달아나고자 하는 충동'을 함께 살펴보기 시작했을 때, 그녀는 어릴 적 아버지가 아주 작은 일에도 매번 자신을 질책하던 기억을 말해주었다. "아버지가 끔찍한 비난의 말을 쏟아내는 동안 나는 내내 거기 서 있어야만 했어요." 10대가 되었을 때 그녀는 다시는 이런 학대 상황에 빠지도록 자신을 내버려 두지 않겠다고 스스로에게 약속했다. 그 이후로 그녀는 줄곧 도망쳐 왔다. 안타까운 것은 현재 안전한 장소에 있거나 그녀에게 애정이 있고 친절한 사람들과 함께할 때에도 계속 도망치고 있다는 것이었다.

우리는 어린아이가 반복되는 끔찍한 상황에서 생존하기 위해 개발하는 대처 전략들에 관해 이야기했다. 이와 같은 대처 메커

니즘은 아동기에는 살아남기 위해 필요했을지라도 성인이 되면 오히려 피해를 주는 역효과를 낼 수 있다는 점을 이해했다. 그녀는 연습을 통해 안전함을 느끼는 데 도움이 되는 새롭고 효과적인 전략을 개발했다. 현재와 과거를 구별하는 법을 배워나갔고 점차 긍정적인 삶의 기회들을 누릴 수 있었다. 마지막 회기에서 그녀는 이렇게 말했다. "나는 지금 여기에 있는 법을 배우고 있어요."

회피 증상을 이해하기

회피 증상은 트라우마 기억과 관련된 고통스러운 이미지, 생각, 감정 또는 감각으로부터 거리를 두고자 하는 행동이다. 일반적인 회피 행동에는 고통스러운 기억을 불러일으키는 사람이나 장소로부터 멀리 떨어지기, 자신을 고립시키기, 감정적 폭식, 약물 사용 등이 있다. 감정을 느끼지 않기 위해 과도하게 생각에 몰두할 수도 있다. 또는 알리시아처럼 안전한 사람과 안전한 장소에 있음에도 계속 도망치려 한다.

1장에서 살펴보았듯 아동기 트라우마는 당신이 어린아이였고, 양육자에게 전적으로 의존하던 시절에 일어난다. 때때로 아이는 '착한 아이'가 되거나 완벽주의를 발달시켜 혼란스러운 가정에 적응한다. 어떤 아이들은 현실의 부모는 그렇지 않지만 자신의 부모가 실제로는 안전하고 좋은 사람이라는 이상적인 환상을 만들어낸다.

해리

대부분 어린아이는 학대 부모로부터 싸우거나 도망칠 수 없다. 설령 대응이나 도망을 시도해도 상황은 더욱 나빠질 수 있다. 어른의 보호나 지지가 없기 때문이다. 만일 당신이 이런 상황을 경험했다면, 고통을 피하기 위한 방편으로 해리 증상이 생겨났을 수 있다. 해리는 어지럽거나 안개가 낀 느낌, 내 몸과 연결되지 않고 끊어진 느낌을 유발한다. 혹은 살아남기 위해 고통과 괴로움을 담아둘 뚜렷하게 구별되는 자아 부분을 만든다. 해리 증상의 심각도에 따라 세상을 심하게 비현실적인 것처럼 느끼거나, 자신이 어떻게 도착한 것인지 전혀 기억이 없는 채로 어떤 장소에 가 있는 경험을 할 수도 있다.

아동기에 발달한 대처 기제가 성인기까지 지속되면 역효과를 낳는다. 예를 들어 완벽주의 패턴은 종종 높은 수준의 자기 비난이나 다른 사람의 실수를 참지 못하는 것으로 이어진다. 혹은 이상적인 면만을 보고자 해서 부모가 저지른 가혹하고 비판적인 방식이 자신에게 미친 영향을 부인한다. "부모님은 나를 거칠게 대했지만 전부 나를 위한 것이었어요" 또는 "맞아요, 아버지는 나를 때렸지만, 사실 별문제는 아니었어요"라고 말할 수도 있다. 또한 과도하게 생각과 분석을 많이 하고, 늘 바쁘게 지내면서 자신의 감정적 고통과 거리를 둔다.

플래시백

사랑하는 사람과의 갈등, 또는 어린 시절을 생각나게 하는 영화와 같이 무언가를 촉발하는 사건을 경험하면 자신의 감정을 피하고 싶은 강한 충동을 느낄 수 있다. 촉발 사건은 플래시백과 같은 침습 증상을 유발한다(이에 대해서는 3장에서 자세히 다룬다). 회피를 이해하는 한 가지 방법은 이것이 공포증과 유사하다는 것이다. 높은 곳에 대한 고소공포증이나 거미에 대한 거미공포증처럼 자신의 감정이나 신체 감각에 공포를 느낀다. 예를 들어 특정 냄새는 어린 시절 살던 집을 떠오르게 할 수 있다. 이때 갑자기 참을 수 없는 불편감에 휩싸인다. 그 결과 그 느낌으로부터 달아나기 위해 어떤 행동을 하게 되는데, 술을 과하게 마시거나, 업무에 과도하게 몰두하거나, 혹은 지나치게 운동한다. 하지만 불행하게도 이러한 대처 기제는 사랑하는 사람과 혹은 당신 자신으로부터 단절되는 느낌을 유발한다.

치유 방법의 하나는 당신의 과거력을 탐색하고 고통으로부터 달아나고자 하는 이유를 자신에게 물어보는 것이다. '취약해지는 것은 안전하지 않다'고 판단했던 때를 기억해 보자. 회피 행동은 연약하던 어린 시절, 당신에게 필요한 자원이나 지지 없이 살아남기 위한 최고의 방법이었을 수 있다. 이 점을 기억해야 한다. 이러한 자각은 자기연민을 증진하는 데 도움이 된다.

치유의 시작

치유의 시작을 위해서 당신이 이제 더 이상 어린 시절의 안전하지 않은 환경에 살고 있지 않다는 것을 깨닫는 것이 중요하다. 당신은 이제 성인이 되었다. 건강한 대처 전략을 배울 수 있으며, 새로운 선택을 할 수 있다. '지금 나는 안전하다'를 인식하는 데 도움이 되는 마음챙김 기술을 소개하고자 한다. 자신의 회피 행동에 보다 온정적인 마음을 지니면서 자기알아차림을 늘려가는 방법이다. 다음은 건강하게 주의를 전환하는 기술로, 해로운 행동을 하는 대신 건강한 선택을 한다.

이제 그자비에, 리사, 레이첼의 사례를 차례로 보면서 회피 증상이 어떻게 그들의 삶을 방해했는지 이해해 보고, 많은 연구를 기반으로 설계한 실용적인 세 가지 전략을 배워보자.

그자비에의 이야기

"사흘 동안 집밖에 나가지 않았어요"

"1년 전 여자친구가 떠났어요. 그날 오후 공황발작이 왔고, 가까스로 집에 돌아와 소파에서 잠이 들었어요. 그 뒤로 사흘 동안 집밖으로 나가지 않았어요. 너무나 두려워서 치료를 받으러 온 거예요. 이제까지 누구에게도 말한 적 없었는데, 어릴 때 부모님은 늘 서로에게 고함을 질렀어요. 특히 아버지가 술에 취했을 때는 더욱 심했지요. 그럴 때면 혼자 침대 밑에 들어가 숨곤 했어요. 요즘도 스트레스를 받으면 집에 숨어 있어요, 어릴 때처럼."

때때로 과거 트라우마 사건은 지금 여전히 일어나고 있는 것처럼 느껴진다. 치유를 진행하면서 그자비에는 자신이 현재 경험하는 감각에 주의를 기울여 알아차리는 방법을 배워 나갔고, 점차 지금 여기에서의 안전함을 느꼈다. 당신도 그자비에처럼 이미 수년 전에 끝난 트라우마 사건을 마치 지금 일어나는 일처럼 느낄 수 있다. 치유를 위해서는 어린 시절에 겪은 그 일은 이제 끝났음을 인식하는 것이 중요하다.

✧

치유 전략

지금 여기에 머무르기

이 치유 전략은 안전하다는 것을 마음으로 인정하는 것이다. 하지만 여기서 더 중요한 것이 있다. 바로 안전을 실제로 확보하는 것이다. 만일 현재 위협적인 상황에 살고 있다면, 두려움은 흘려보내야 할 감정이 아니라 자신을 보호하기 위해 필요한 필수 요소다. 그러니 가장 먼저 초점을 두어야 할 것은 안전 확보다.

현재 안전한 환경에 있는데도 불구하고 과거와 관련된 불안으로 고통받고 있다면 다음의 방법을 이용해서 당신의 감각에 주의를 기울이고 불필요한 두려움을 흘려보낼 수 있다. 모든 단계를 다 연습하거나 특정 순서로만 진행해야 하는 것은 아니다. 나에게 가장 적합한 것을 찾아서 연습해 보자.

- 주변을 둘러보면서 공간을 세세하게 살펴보자. 지금 그 공간에 당신을 안전하다고 느끼게 해주는 시각적 요소가 있는가? 예를 들면 초록빛 식물일 수도 있고 작은 예술품과 같이 마음에 드는 물건일 수도 있다. 주변을 둘러보면서 머리와 눈이 움직여지는 느낌에 주목한다.
- 나를 안심시켜 주는 말을 해보자. "나는 지금 안전해" 혹

은 "나는 괜찮아"라고 부드럽고 사랑스러운 어조로 소리 내어 말한다. 그리고 친절하게 말하는 자신의 목소리가 어떤 느낌인지 알아차린다.

- 한 손을 반대쪽 팔 위에 가져다 놓고, 그 손으로 팔을 부드럽고 사랑스럽게 쓰다듬는다. 어떤 느낌이 드는가. 손바닥 아래 피부의 느낌에 주의를 기울여본다. 팔에 닿는 손바닥의 온기도 느껴보자. 반대쪽 팔에도 이와 같은 연습을 반복한다.
- 물이나 따뜻한 차를 한 모금 마시고 입안에서 혀를 움직여보자. 혀로 치아 뒤쪽이나 입 천장을 느껴본다. 이때 느껴지는 맛이나 온도에 주목한다.
- 배의 움직임에 집중하면서 몇 번의 깊은 숨을 들이마신다. 몸에서 느껴지는 감각이나 코끝을 통과하는 공기의 움직임에 집중한다.

지금 여기에 머무는 마음챙김을 증진하기 위해 감각을 활용하는 추가적인 방법이 많이 있다. 예를 들어 마음을 달래주는 음악을 듣거나, 돌을 손에 쥐고 그 질감이나 온도를 알아차린다. 좀 더 창의적인 시도를 할 수도 있다. 가장 중요한 것은 만일 어떤 감각 경험이 당신을 불안정하게 한다면 몸과 마음이 편안해질 때까지 다른 감각을 탐색하면서 전환한다.

리사의 이야기

"정작 나 자신은 무시하고 남을 돌보는 데 인생을 허비하고 있어요"

"내 성장기는 매우 혼란스러웠어요. 부모님이 이혼한 후 양쪽 부모님 사이를 오가며 살았거든요. 나는 어디에도 속하지 못하고 항상 중간에 있었어요. 엄마는 항상 우울했고, 아빠는 화를 냈죠. 그 속에 나를 위한 자리는 없었어요. 나는 점차 어떤 것도 요구하지 않았고, 아무 감정도 느끼지 않는 것을 아주 잘하게 되었죠. 지금 나는 다른 사람들에게 도움을 요청하는 대신, 내 인생을 다른 사람을 돌보는 데 쓰고 있어요."

리사는 혼란스러운 어린 시절 적응하기 위한 수단으로 자신의 욕구를 밀어내고 타인을 돌보는 법을 터득했다. 때때로 우리는 늘 해오던 대로 자동적으로 회피 행동을 한다. 변화는 이런 회피 행동에 대해 자기인식을 늘려나가면 차차 이루어진다. 리사의 경우, 자신의 회피 행동이 어렸을 때 느꼈던 고통으로부터 자신을 보호해 주고 있었다는 것을 알아차렸다. 나아가 자신의 욕구들을 무시하게 만드는 현재 상황을 인식했다. 가령 그녀는 도움이 필요할 때 도움을 요청하지 않음으로써 거절당할 가능성을 회피했다. 치료 과정은 그녀가 낙담하게 될지라도 좀 더 자신의 취약함을 인정하고 도전해 보도록 도왔다. 마침내 그녀는 자신의 노력이 보상받았다고 느꼈다.

✧

치유 전략

회피 행동을 알아차리기

이 치유 전략은 자신의 회피 증상에 연민을 가지고 솔직하게 살펴보는 것이다. 몇 번 심호흡을 한 후 애정을 가지고 자신을 받아들이고자 하는 수용의 마음을 가진다. 그러면서 나의 경험을 주의 깊게 살펴보겠다는 의도를 가져보자. 마음챙김의 가장 중요한 구성 요소 중 하나는 경험을 판단하지 않고 호기심으로 대하는 태도다. 마음챙김 수련은 자기수용self-acceptance이 변화의 필수 요소임을 상기시킨다. 다음 목록을 살펴보고 하나라도 자신과 관련이 있는지 살펴보자.

- 나는 사람이나 장소를 멀리한다.
- 나는 나 자신을 고립시킨다.
- 나는 감정적으로 불안정해지면 과식하는 경향이 있다.
- 나는 고통을 피하고자 술을 너무 많이 마시거나 약물을 사용한다.

- 나는 게임을 하거나 TV를 보면서 몇 시간씩 보낸다.
- 나는 학대나 방치를 당했다는 사실을 스스로 인정하고 싶지 않다.
- 나는 다른 사람을 돌보는 데 너무 많은 시간을 소비하고 나 자신을 무시한다.
- 나는 자신이나 다른 사람을 통제하고 싶어 한다.
- 나는 완벽주의자다.
- 나는 치료 상담 약속을 취소하거나 잊어버린다.
- 나는 감정을 느끼지 않으려고 지나치게 일에 몰두한다.
- 나는 감정을 피하고자 과도하게 생각에 의존한다.
- 나는 때때로 무감각해지거나 해리된다.

일단 회피 행동을 확인한 후에는 이런 행동이 어떻게 시작되었는지 잠시 되돌아보자. 예를 들어, 어린 시절 혼란스러운 가정에 대처하기 위해 완벽주의자가 되거나 스스로를 통제했던 기억이 날 수도 있고, 고통을 무감각하게 만들기 위해 처음으로 술을 마셨던 때가 떠오를 수도 있다. 이제 회피 행동을 하게 만드는 현재 상황을 잠시 둘러보자. 현재의 어떤 사건이 당신으로 하여금 감정을 회피하고 고통으로부터 달아나도록 자극하는가?

레이첼의 이야기

"먹는 것을 멈출 수가 없어요"

"아침에 일찍 일어나서 운동하러 가고, 낮에는 일도 잘해요. 퇴근 후에는 여가 시간을 즐기기 위해 외출도 해요. 그런데 하루 일과가 끝나고 집에 돌아오면, 너무 외로워요. 그러면 닥치는 대로 먹기 시작하는데 몸이 아플 때까지 먹는 것을 멈출 수가 없어요. 먹는 것은 고통을 무감각하게 만드는 내가 아는 유일한 방법이에요. 하지만 다음 날 일어나면 항상 기분이 더 나빠져요."

레이첼의 이야기는 복합 PTSD를 가지고 있는 많은 사람이 트라우마와 관련된 고통을 밀어내기 위해 음식, 술 또는 약물을 사용한다는 사실을 상기시킨다. 레이첼은 어린 시절의 대부분을 차지했던 외로움에 직면하는 것을 피하려고 감정적 폭식에 의존했다. 일단 그녀는 자신이 음식을 통해 고통을 회피하고 있었다는 것을 알게 된 이후, 건강한 방식으로 자신의 감정에 대처하는 법을 배워나갔다. 그리고 새로운 행동 방식이 자기 자신에게 나쁜 감정을 불러일으키지 않는 것에 깊이 안도했다.

✧

치유 전략

건강한 방식으로 주의를 전환하기

변증법적 행동치료 기법에서 가지고 온 이 치유 전략은 고통스러운 감정이나 기억으로부터 주의를 돌릴 수 있는 건강한 방법을 탐색한다. 이전에 해오던 회피 행동, 특히 해로운 결과를 초래했던 행동들을 대체할 수 있는 긍정적 대처 행동 목록을 작성해 보자. 기존의 회피 전략을 일부 사용할 수도 있다. 단, 적당히 활용하는 경우에만 가능하다.

이 치유 전략은 트라우마 고통을 해결하기 위한 것은 아니다. 고통의 해결은 또 다른 과정과 시간이 필요하다. 이 전략은 다른 곳으로 주의를 분산시켜 후회할 수 있는 행동들을 예방하기 위한 단기적 해결책이다. 다음의 긍정적 대처 행동 목록을 살펴보고, 자신만의 대처 행동 목록도 만들어보자. 해로운 방식으로 고통에 대처하고 싶은 충동을 느낄 때면 언제든지 아래 목록을 활용한다.

- 자연 속에서 시간을 보내거나 혹은 동네를 산책한다.
- 좋아하는 커피숍에 간다.
- 새로운 감정을 불러일으키는 영화를 본다(만약 화가 난다면

웃긴 코미디 영화를 본다).

- 잠시 비디오 게임을 한다.
- 희망을 주거나 영감을 주는 책을 읽는다.
- 건강한 방법으로 몸을 움직인다(스트레칭, 요가, 무리하지 않는 운동).
- 좋아하는 음악을 듣는다.
- 컬러링북을 색칠한다.
- 진정 효과가 있는 에센셜 오일의 향기를 맡는다.
- 간단한 집안일을 한다(청소, 빨래, 설거지).
- 감사하는 일 다섯 가지를 떠올려 본다.
- 지금의 이 고통은 일시적인 것이며, 이내 지나갈 것임을 자신에게 상기시킨다.

✦

자가 진단

나의 상태는 어떤가요?

2장에서는 복합 PTSD의 고통을 어떤 식으로 회피하고 있는지 확인해 보았다. 잠시 멈춰서 한번 돌이켜보자. 어린 시절 트라우마를 경험한 다른 이들의 사례를 읽으면서 당신은 어떤 느낌이 들었는가? 불편한 감정을 일으키는 무언가가 있었는가? 치유 전략을 활용하여 다시 안정감을 되찾을 수 있었는가? 자기관리를 연습하기 위해 정기적으로 잠시 멈춰서 반추해 보거나 혹은 사랑하는 사람이나 치료자에게 추가 지원을 요청해 당신의 속도를 조절할 수 있다는 점을 기억하자. 당신의 자기돌봄 도구 상자에 추가할 치유 전략을 하나 더 소개한다.

✦

치유 전략

평화로운 장소를 떠올리기

창의적인 시각화는 복합 PTSD 치유에 도움이 된다. 뇌는 실제 경험과 상상의 경험을 구별하지 않기 때문에 긍정적인 시각화에 마음을 집중하는 것은 강력한 치유 도구가 된다.

다음의 연습에 따라, 평화롭고 고요한 느낌이 드는 장소를 천천히 떠올려보자. 그곳은 실제 장소일 수도 있고 상상 속의 장소일 수도 있다. 가령 따스한 해변이나 탁 트인 산꼭대기와 같은 자연 속의 장소일 수도 있고, 혹은 당신만의 치유의 안식처인 어떤 공간을 선택할 수도 있다.

평화로운 장소를 찾았다면 감각을 이용해 그 이미지를 강화한다. 상상 속에서 공간을 둘러보자. 무엇이 보이는가? 무슨 소리가 들리는가? 몸에서는 어떤 느낌이 드는가? 공간을 더 고요하고 평화롭게 느끼기 위해 높은 울타리나 자물쇠가 달린 문과 같은 안전장치가 필요한가? 필요한 것은 무엇이든 추가할 수 있다. 평화로운 장소에서 함께 있고 싶은 누군가가 있는가? 이 장소에 누군가 들어오도록 허락하는 것은 전적으로 당신에게 달려 있다.

나만의 평화로운 장소를 만들었다면, 몇 번의 깊은 호흡을 하고 몸과 마음에서 느껴지는 것에 주목하자. 당신이 원할 때 언제고 이 장소로 다시 돌아올 수 있다.

3

침투, 침습 증상 치유

"나는 비로소 안전하다고 느낍니다"

만약 당신이 아동기 트라우마 생존자로서 이 책을 읽고 있다면, 그동안 과도한 경계, 공황, 악몽 혹은 전반적 불안감을 경험했을 수 있다. 특정 사건에 의해서 무언가 건드려지는 느낌을 받았거나, 그러한 느낌이 지속될 수도 있다. 또한 트라우마와 관련된 이미지, 감정, 신체 감각이 급격하게 밀려오는 플래시백을 겪을 수 있다. 이러한 재경험 증상은 트라우마 생존자의 삶을 방해한다. 끔찍한 증상이 몇 시간 동안 지속되거나 길게는 며칠 동안도 지속되기 때문이다. 이번 3장에서는 전반적으로 퍼져 있는 침투적이고 침습적인 증상이 무엇인지 살펴보고, 충분한 안정감을 느끼는 데 도움을 줄 대처 전략을 제시한다.

시에라의 이야기

"긴장을 푸는 것이 너무도 어려워요"

"밤에 잠을 잘 못자요. 자려고 누우면 두려운 감정들이 한꺼번에 몰려와서 압도되는 느낌이 들거든요. 작은 소리에도 쉽게 놀라고 심장이 마구 뛰기 시작해요. 긴장을 푸는 것이 너무도 어려워요."

시에라는 매우 지쳐 있었다. 교통사고를 당한 후 몇 달 동안 잠자는데 어려움을 겪고 있었다. 수면제를 먹어도 불안한 마음은 계속해서 되살아났다. 그녀는 자신이 항상 어떤 일에도 잘 대처할 수 있는 '강한 아이'라고 생각해왔다는 것을 알게 되었다. 어렸을 때 엄마는 그녀에게 늘 화를 내고 소리를 질렀다. 그러다 보니 그녀는 두려움을 숨기고 신경 쓰지 않는 척하는 법을 배웠다. 하지만 교통사고 이후 그녀는 흔들리고 약해진 느낌을 받았다. 상담 중 겁먹고 두려웠던 감정을 탐색하기 시작했을 때, 시에라는 그것이 자신이 어린 소녀였을 때 느꼈던 감정들을 불러일으킨다는 것을 알게 되었다. 교통사고로 인해 어린 시절의 감정들이 표면 위로 올라온 것이다.

치료 초기 나는 그녀가 복합 PTSD의 일반적 증상인 플래시백을 겪고 있음을 인지하도록 도와주었다. 우리는 그녀의 자원을 강화하고 그녀가 여전히 두려운 감정을 느낄지라도 지금은 안전하다는 것을 상기할 수 있도록 했다. 그리고 수면에 도움이 되는 호흡과 이완 기술을 배웠다. 그런 다음, 오랜 시간 동안 '강한 아이' 안에 품고 있던 취약한 감정에 대한 자기연민을 키우는 데 집중했다. 그녀는 점차 편해질 수 있었고 "마침내 나는 안전함을 느낄 수 있어요. 이제 나는 내 불안을 해결할 수 있어요"라고 말했다.

침투, 침습 증상을 이해하기

시에라의 이야기는 복합 PTSD 생존자가 공통적으로 경험하는 증상을 잘 보여준다. 바로 최근 겪은 충격적인 사건 이후에 생겨난 침습 증상이다. 시에라의 교통사고처럼 명확한 경우도 있지만 때때로 촉발 사건은 더 미묘하다. 예를 들어 누군가의 표정이나 특정 목소리 톤이 두려움이나 분노 혹은 거절의 느낌을 불러일으킬 수 있다. 촉발 사건은 플래시백(과거의 충격적 사건과 관련된 이미지, 감정 또는 신체 감각이 마치 지금 그 사건이 일어나고 있는 것처럼 되살아나는 것)으로 이어지는데, 시에라의 경험과 마찬가지로 이러한 증상들은 불안에 휩싸이게 하고 긴장을 풀거나 잠자는 것을 방해한다.

재경험 증상은 종종 불안, 공황, 과도한 경계와 같은 높은 각성 상태와 관련 있다. '**침투**'는 이러한 증상이 의식을 어떻게 침범하는지에 초점을 두고 있고, '**침습**'은 증상이 안전함과 편안함을 어떻게 저해하는지를 말해준다. 빠른 심박수, 가슴 답답함, 호흡 곤란, 혹은 소화 장애 등과 같은 신체 고통을 경험할 수도 있다. 불안으로 인해 다른 사람의 비언어적 반응, 표정, 또는 목소리 톤에 매우 민감해지기도 한다. 이러한 모든 증상은 위험한 상황에 맞서 싸우거나 도망칠 수 있도록 준비하는 교감 신경계와 관련 있다.

뇌를 장악하는 기억

플래시백은 수치스럽고, 하찮고, 힘이 없고, 혹은 무력하다고 느끼는 저각성 상태의 감정과도 연결된다(4장과 8장에서 저각성 상태 증상을 더 깊게 다룰 것이다). 어떤 경우 플래시백은 이미지나 언어 기억을 형성하기 너무 어린 나이에 일어난 일의 기억과도 관련된다. 혹은 뇌가 해리 증상을 통해 트라우마 기억으로부터 자신을 보호하려는 시도일 수 있다. 이런 경우 원인을 알 수 없는 감정이나 감각에 압도된다. 한편으론 자신에게 플래시백이 일어나고 있다는 것을 정확하게 자각할 수도 있다. 해리 증상은 6장에서 더 자세히 다룬다.

불행하게도 복합 PTSD로 고통받는 이들은 현재 위협이 없는 상황에서도 안전함을 느끼기가 어렵다. 과거에 일어났던 경험과 현재 일어나고 있는 일을 구별하기 어렵기 때문이다. 그래서 위협의 징후가 있는지 주변 환경과 사람들의 얼굴을 살피는 행동이 나타난다. 그리고 이는 안전함의 징후를 무시하는 부정적 편향으로 당신을 이끈다.

침투 증상은 특정 감정과 신체 감각을 불러일으킨다. 그와 똑같은 방식으로 느꼈던 다른 시기의 기억과 신경생물학적으로 연결되는 것이다. 이를 '상태 의존 기억state-dependent memory'이라고 하는데, 슬픔을 느낄 때 왜 슬픔을 느꼈던 다른 시기를 잘 기억할 가능성이 높은지를 설명한다. 왜냐하면 기억은 뇌에 저장되면서 다른 유사한 기억과 상호 연결되기 때문이다. 그래서 공황에 빠지는 순간 두려움을 느꼈던 다른 시기의 기억, 즉 상호 연결된 트라우마 기억의 토끼 굴로 빨려 들어갈 가능성이 높다.

《EQ 감성지능》의 저자인 다니엘 골먼Daniel Goleman 박사는 플래시백은 공포나 분노와 같은 강한 감정에 의해 뇌가 정서적으로 장악당하는 상황을 초래한다고 설명한다. 우리가 안전하다고 느낄 때, 전두엽 피질이라고 불리는 뇌의 가장 최근 진화된 부분에 도움을 받는데, 이 부분은 우리가 자신의 행동을 반추하고 미래 목표에 기반을 두고 현명한 결정을 내릴 수 있도록 한다. 하지만 위협을 받으면 중뇌와 뇌 하부 중추가 활성화되어 전두엽 피질로 가는 혈류가 감소한다. 변연계라고도 불리는 중뇌는 위험에 매우 민감하다. 파충류 뇌라고도 불리는 하부 뇌는 가장 원시적이고 자기 보호적인 방어를 작동시킨다. 간단히 말해 우리는 결과를 생각하지 않고 방어적으로 반응한다. 그것이 실제 위협 상황이든 단지 위협을 인식하는 것이든 말이다.

트라우마를 재연하는 침습 증상

침습 증상은 트라우마 기억을 되살릴 수 있는 사건이나 상황 등 광범위한 촉발 요인의 결과로 발생한다. 가족에게 전화를 걸거나, 어린 시절에 살던 집으로 돌아가거나, 영화의 한 장면을 보거나, 뉴스에서 기사를 읽거나, 혹은 학대자가 사용한 특정 비누 향이나 향수와 같은 과거 불편했던 감정을 불러일으키는 그 어떤 것이든 촉발 요인이 될 수 있다. 다른 일반적인 촉발 요인으로는 배우자 혹은 자녀와의 갈등이나, 누군가의 이름을 잊어버리거나 주차 위반 딱지를 받는 등의 흔한 실수들이 있다. 복합 PTSD가 있는 경우 이러한 정상적이고 인간적인 실수를 자연스럽게 넘겨버리지 못하고 자신에게 과도하게 비판적으로 굴거나 처벌받는 느낌을 갖는다.

우리가 위협을 경험할 때, 그것이 현실로 일어난 것이든, 혹은 위협을 그저 인지하는 것이든 호흡은 변화한다. 대체로 호흡이 무의식적으로 달라지는데, 예를 들어 당신에게 상처를 준 사람을 보면 나도 모르게 호흡이 얕거나 빨라질 수 있다. 우리 몸이 위협 상황에 맞서 싸우거나 도망칠 준비를 하는 것이다. 이때 몸은 우리가 실제 위험에 처해 있다고 생각한다. 동물도 마찬가지 상황에서 같은 반응을 보인다. 그리고 동물은 일단 상황이 안전해지면 몸을 흔들거나 움직이고 깊은 심호흡을 통해 스트레스를 해소한다. 그러나 인간은 '위협'이 지나간 후에도 오랫동안 높은 각성 상태에 머무는 경우가 많다. 왜냐하면 인간은 언어와 사고를 통해 경험을 처리하도록 진화한 고도로 발달된 두뇌를 가지고 있기 때문이다. 게다가 우리 중 많은 사람은 가만히 앉아 있는 것이 정중한 복종의 표시라고 배워왔기 때문에 감각과 움직임에 대한 본능적인 연결을 억제하는 것을 익혀왔다.

몸과 마음의 균형을 회복하는 한 가지 방법은 자율신경계의 균형을 재조정하는 것이다. 두뇌와 신체 사이에 안전 또는 위협 인식을 전달하는 미주 신경(양방향 정보 고속도로라고 할 수 있다)을 자극함으로써 이러한 시도를 해볼 수 있다. 부교감 신경계의 회복 및 치유의 특성을 이용하는 것도 도움이 된다. 신경계의 균형을 맞추는 가장 빠른 방법은 호흡이다. 이어서 소개할 치유 전략, 호흡법을 자세히 살펴보자.

치유의 시작

타마라와 벤은 침습 증상을 겪었다. 이들이 복합 PTSD 침습 증상으로부터 회복하는 데 도움을 받았던 치유 전략들을 소개하고자 한다. 많은 연구에 기반을 두고 있는 다음의 세 가지 전략은 요가 치료, 인지행동치료, 수용전념치료에서 왔다. 이러한 방법들을 이용하면 재경험이 일어날 때 보다 빨리 알아차릴 수 있으며, 그 결과 균형 찾는 시간을 단축할 수 있다.

타마라의 이야기

"지금도 그 생각을 하면 배가 아파요"

"엄마는 결코 나를 때린 적이 없어요. 사실 그럴 필요가 없었거든요. 엄마는 항상 나를 비난하고 못마땅해하며 바라보았고, 나는 늘 움츠러들었어요. 어린 시절 매일이 그랬어요. 나는 사랑받기에는 너무 부족한 존재였어요. 항상 문제가 있으니까, 그래서 벌을 받는 거라 생각했어요. 지금도 그 생각을 하면 배가 아파요."

타마라와 유사한 사례는 안타깝게도 매우 흔하게 들을 수 있다. 부모의 가혹하고 비판적인 시선은 장기간에 걸쳐 아이에게 영향을 미친다. 그것의 신체적 결과 중 하나는 복통이었다. 일반적으로 과도하게 땀을 흘리는 것, 긴장을 풀지 못하는 것, 잠을 자기 어려운 것, 가슴의 답답한 느낌, 빠른 심박수, 호흡 곤란 등이 신체 증상으로 나타난다. 이러한 증상은 플래시백에서 벗어난다는 것이 단순하게 생각할 문제가 아님을 상기시킨다.

✧

치유 전략

회복을 돕는 호흡법

숨을 들이마실 때 교감 신경계가 활성화되고, 숨을 내쉴 때 부교감 신경계가 활성화된다. 즉 숨을 들이쉬는 것보다 길게 내쉼으로써 신체의 이완 반응을 이끌어낼 수 있다.

한번 실험해 보자. 머릿속으로 숫자를 4까지 세면서 숨을 들이쉬고, 8까지 세면서 숨을 내쉰다. 이렇게 10회 호흡을 계속한 후 어떤 기분이 드는지 관찰한다. 만약 이완 호흡을 다양하게 시도해 보고 싶다면, 들숨과 날숨 사이에 7을 세는 동안 숨을 참아보는 4-7-8 호흡을 시도해 볼 수 있다. 만일 숨을 참는 도중에 불안이나 공황의 느낌이 드는 지점이 있다면 숨을 참는 시간을 줄이거나 중단한다.

중요한 것은 한번 시도해 보는 것이다. 시간적 여유를 가지고 몸과 마음으로부터 오는 피드백에 주목하고 그것을 알아차려 본다. 이 책에 나오는 치유 전략이 모두에게 똑같이 적용되는 것이 아니라는 점을 항상 기억하자. 나에게 맞는 치유 전략을 찾을 때까지 연습하면서 조금씩 조정하고 적응해 나가는 것이 중요하다.

벤의 이야기

"화가 솟구쳤는데 이유를 설명할 수가 없었어요"

"어느 날 저녁 아내와 아들들과 함께 식탁에 앉아 식사를 하고 있었어요. 일상에서 받은 스트레스가 많은 날이었죠. 나는 내 일이 있고, 아내는 사업을 운영하고, 아이들은 학교 생활과 운동으로 바쁜 하루를 보낸 날이었어요. 여느 날과 마찬가지로 그날 저녁에도 아이들은 배고파했고, 아내는 하루를 어떻게 보냈는지 이야기 나누고 싶어 했어요. 그런데 갑자기 아무도 내 이야기를 듣지 않는다는 느낌이 들었어요. 화가 치밀어 올랐고, 아내와 아이들에게 고함을 지르지 않기 위해 식탁에서 벗어나 방으로 들어가 문을 잠갔습니다. 화가 솟구쳤는데 왜 그랬는지 이유를 설명할 수가 없었어요."

벤의 이야기는 무엇이 우리를 촉발시켰는지 이해하지 못하는 순간에도 플래시백이 일어난다는 것을 보여준다. 갑작스러운 분노를 예상하지 못했지만 그는 자신의 반응이 적절하지 않다는 것을 인식했다. 화를 멈추기 어려웠지만 화가 폭발하기 전에 식탁을 떠날 만큼 충분한 자기인식이 있었다. 그는 치료를 통해 그동안 알아차리지 못했던 감정을 탐색했고, 어린 시절의 상처와 관련 있음을 이해하게 되었다. 촉발된 사건을 이해하게 되자 벤은 자신의 감정에 보다 더 연민을 가질 수 있었다. 그리고 점차 아내와 아이들에게 자신이 원하는 바에 대해 차분하게 이야기할 수 있게 되었다.

✧

치유 전략

촉발 요인 알아차리기

촉발 요인의 자기알아차림 개발은 침습 증상을 관리하는 중요한 전략 중 하나다. 만약 당신이 플래시백이 촉발되었다는 것을 자각한다면, 자신을 진정시키고 안전함을 느끼게 할 전략을 바로 사용할 수 있다. 이처럼 촉발 요인에 대한 자기인식은 잠재적으로 당신을 자극할 만한 상황에 부닥치게 될 때를 예측할 수 있게 도와주고 준비할 수 있도록 한다.

치유 전략의 첫 번째 단계는 당신을 자극하는 촉발 요인이 무엇인지 알아차리는 것이다. 시간을 내어 아래의 목록을 살펴보고 나와 관련된 촉발 요인이 있는지 적어보자. 일반적인 촉발 요인은 다음과 같다.

- 과거 나를 학대했던 가족 구성원과의 접촉(통화, 방문)
- 어린 시절에 살던 집으로 돌아가는 것
- 어린 시절의 트라우마를 생각나게 하는 최근 사건(영화의 한 장면, 뉴스 기사 등)
- 사랑하는 사람(배우자, 연인, 자녀, 친구)과 갈등을 겪는 것
- 외로움, 버림받거나 혹은 거부당하는 느낌
- 통제력을 잃은 느낌
- 냄새, 소리, 혹은 맛과 같은 과거를 상기시키는 감각 경험
- 실수하는 것(주차 위반 딱지받기, 접시를 떨어뜨리거나 깨는 것)

당신을 자극하는 촉발 요소들을 파악한 후에는 잠시 시간을 내어 각각 촉발 사건이 불러오는 감정을 느껴보자. 두렵고, 화가 나고, 슬프고, 혹은 무력하다고 느껴지는가? 아니면 지나치게 자기비판을 하게 되는가? 각 촉발 사건과 관련해 몸에서 어떤 느낌이 드는지 주목해 본다. 불안하거나 초조한 느낌이 드는가? 심장 박동이 빨라지는가? 반대로 얼어붙은 느낌이 들어 옴짝달싹할 수 없는가? 혹은 쓰러질 것 같은 피로감을 느끼는가? 자기연민을 가지고 이러한 경험을 탐색해 보자. 마지막으로 이러한

감정과 감각이 익숙하게 느껴지는지 살펴본다. 유사한 감정을 느꼈던 어린 시절이 떠오르는가? 이러한 기억은 미처 끝마치지 못하고 남아 있는 어린 시절 고통의 단서가 될 수 있다. 촉발 요인에 대한 자기알아차림이 생겼다면, 이 내용을 치료자나 사랑하는 사람들과 공유한다. 그들로 하여금 당신을 보다 더 잘 이해하고 지지하게끔 하는 데 도움이 될 것이다.

재경험 증상을 자각하고 있다면 촉발 상황이 일어나지 않도록 미리 현명한 결정을 내릴 수 있다. 가장 중요한 것은 침습 증상이 나를 불편하게 할지라도 이것은 치료에서 다뤄야 할 문제들을 찾아가는 길잡이가 되며, 결과적으로 이러한 고통이 치유를 위한 기회가 된다는 점이다.

✦

자가 진단

나의 상태는 어떤가요?

지금까지 복합 PTSD의 침습 증상에 대해 살펴보았다. 이번 장에서 나눈 이야기들 중 나와 관련이 있는 것이 있었는지 돌아보자. 불편함을 느낀 부분들이 있었는가? 또는 고통스러운 기억을 다루는 데 자신감을 얻을 만한 도움이 된 치유 전략이 있었는가? 당신에게 효과적이었던 전략들을 재차 연습해 자기돌봄 도구 상자에 넣어두자. 추가로 수용전념치료를 활용한 치유 전략을 소개하며 이 장을 마치겠다.

✦

치유 전략

감정 일기 예보

감정은 날씨와도 같다. 이 치유 전략은 날씨 예보를 하듯이 감정을 마음챙김하여 주의 깊게 살펴 미리 그 감정을 예측하는 것이다. 예를 들어 화창한 날처럼 차분하고 편안한 느낌을 알아차리거나 혹은 누군가 당신의 경계를 무시해 토네이도처럼 동요되는 느낌을 알아차린다.

예정된 일정을 준비하면서 '감정 일기 예보'를 만들 수도 있다. 비가 올 것이라는 예측은 우산 챙기는 걸 기억하게 한다. 이처럼 어려움이 느껴지는 상황이 있다고 예측될 때 준비를 더 잘할 수 있다. 가령 당신을 비난하는 가족 구성원을 방문할 예정이라면, 슬픔, 상처, 분노와 같은 격렬한 감정에 미리 대비할 계획을 세운다. 가족 구성원의 집에 머무르는 대신 호텔을 선택하거나 아예 방문하지 않기로 결정할 수도 있다. 이러한 인식은 자신을 더 보호하고, 안정시키며, 나의 중심과 연결된 느낌을 얻도록 당신의 변화를 도울 것이다.

잠시 심호흡을 하고, 나의 현재 감정 상태에 대한 날씨 예보를 작성해 보자. 이런 날씨 패턴을 형성하게 한 사건들은 어떤 것이 있는지 생각해 본다. 감정에 대한 자각이 생겼다면, 자신에게 자기수용이라는 선물을 줄 수 있는지 체크해 보자. 예를 들어, "나는 지금 이대로 괜찮아" 혹은 "나는 지금 내 감정을 받아들일 수 있어"라고 자신에게 말한다.

예정된 일정도 생각해 보자. 어떤 기분을 느낄지 감정 일기 예보를 만들 수 있겠는가? 앞으로 다가올 폭풍 조짐에 주의를 기울이거나 삶에서 일어날 수 있는 진흙탕과 같이 지저분한 순간들에 대비할 수 있다. 하지만 날씨를 항상 정확하게 예측할 수는 없다. 실제 일기 예보처럼 말이다. 때로는 경험하는 감정이 예상했던 것과 다를 수도 있다. 일기 예보를 연습해 보면서 예측의 정확도가 시간이 지남에 따라 증가하는지 또는 감소하는지 주목해 보자.

4

우울 증상 치유

"나는 다시 나 자신과 연결되는 것을 느낍니다"

어린 시절 겪은 트라우마는 무력감과 절망감을 느끼게 한다. 특히 학대를 멈추게 할 방법이 없거나 어린아이에게 필요한 사랑을 얻을 방법이 도무지 없어 보일 때 더욱 그렇다. 트라우마가 지속되면 이러한 무력감은 자기감의 토대를 이룬다. 4장에서는 복합 PTSD의 맥락에서 우울 증상을 이해한다. 부정적인 생각에 맞서 싸우고, 감정을 포용하고, 몸에서 힘을 느끼도록 돕는 치유 전략을 배운다. 기억하자. 우울 증상은 과거의 결과일 뿐 미래를 결정짓지 않는다.

브라이언의 이야기

"아무리 노력해도 달라지는 건 없어요"

"여덟 살 때 부모님이 이혼했어요. 이혼 후 엄마는 심각한 마음의 병으로 1년 동안 집을 떠나 있었고, 난 아빠와 형과 함께 살았어요. 그해부터 형은 나를 때리기 시작했어요. 아빠한테 알리려고 했지만 아빠는 그냥 제발 울지 좀 말라며 절 다그치기만 했어요. 난 무력감을 느꼈어요. 아무리 노력해도 달라지는 건 아무것도 없어요."

브라이언의 이야기는 양육자의 보호를 받지 못한 채 지속적인 트라우마 상황에 놓인 아이가 느끼는 무력감을 잘 보여준다. 성인이 된 브라이언은 우울 증상에 시달리고 있었다. 미래에 대한 부정적인 생각에 사로잡혀 있었고, 집중하기 어려웠으며, 삶에 대한 의욕이 없었다. 그의 주치의는 항우울제를 처방하고 어린 시절에 대해 물어보았다. 방임과 학대 사실을 알게 된 주치의는 그에게 심리치료를 권했다.

심리치료를 통해 브라이언은 자신의 우울증이 해결되지 않은 어린 시절의 트라우마 때문이라는 사실을 알게 되었다. 그는 먼저 인지행동치료와 마음챙김 기술을 사용하여 부정적인 사고 패턴을 줄이고 사나운 내면의 비판자를 길들이려고 노력했다. 그런 다음 자비로운 마음으로 어린 시절의 고통스러운 감정을 다루는 방법을 배웠다. 고통스러운 감정과 마주하는 것은 힘든 일이었지만, 이 치료 과정은 수년간 무감각하고 차단된 상태였던 그에게 온전히 살아 있는 느낌을 선사해주었다. 브라이언은 안도의 눈물을 흘리며 "나 자신과 다시 연결되는 느낌이 들어요"라고 말했다.

우울 증상 이해하기

과민한 기분, 이전에 즐겼던 것에 대한 흥미 상실, 미래에 대한 절망감 등은 모두 우울증 증상이다. 최악의 시나리오를 반복해서 생각하거나 식습관과 수면에 변화가 생기기도 한다. 치료자는 종종 이러한 증상이 복합 트라우마의 결과일 수 있다는 사실을 인식하지 못하고 우울증으로 진단을 내린다.

복합 PTSD와 우울증에는 서로 겹치는 증상이 있다. 브라이언처럼 때로는 두 가지 모두를 가지고 있는 경우도 있다. 이번 장에서 제시할 치유 전략들은 원인에 관계없이 우울 증상에 대처하는 데 도움을 준다.

어린 시절의 트라우마로 인해 당신의 감정을 감당할 수 있는 사람은 아무도 없다고 느꼈거나, 아무에게도 사랑과 지지를 받을 수 없다고 느꼈다면, 거절, 상처, 분노의 감정을 밀어내는 법을 배웠을지 모른다. 그 결과 성인이 되어서도 계속 자신의 감정과 거리를 두거나 자신의 욕구를 부정한다. 내면에 쌓인 감정들은 과민한 반응과 분노 폭발을 유발하며, 주변 사람들에게 상처나 두려움을 준다. 감정을 폭발시킨 후 느끼는 수치심과 당혹감은 자기비난을 더욱 심화시키고, 재차 감정을 밀어내게 하는 악순환을 만들어낸다.

정신의학과 교수이자《다미주 이론》의 저자인 스티븐 포지스Stephen Porges 박사는 우리가 안전하다고 느끼는지 또는 위협이 있다고 느끼는지에 따라 부교감 신경계가 두 가지 방식으로 기능한다고 말한다. 안전함을 느끼면 부교감 신경계는 휴식과 이완을 가져오고, 위협을 느끼면 트라우마와 관련된 방어 모드인 '실신 반응'을 유발한다. 실신 반응은 저각성 상태로 무력감, 피로함, 무너짐collapse 등을 포함한다. 어린아이가 오랜 시간 실신 반응 상태에 머무르면 무거움, 나른함, 피로감이 성인기까지 지속될 수 있다. 이는 또한 전반적인 자기감에도 영향을 미친다.

반복되는 정서적·신체적 학대를 피할 수 없을 때 우리는 무력감을 느낀다. 심지어 더 이상 트라우마를 초래하는 환경에 살고 있지 않더라도 여전히 무력감이 지속된다. 현재 성인이 된 나는 다양한 선택과 행동을 할 수 있음에도 긍정적이고 낙관적인 새로운 가능성을 발견하거나 그러한 활동에 참여하는 것이 어렵다. 심리학자이자 연구자인 마틴 셀리그먼Martin Seligman 박사는 이러한 '학습된 무력감'을 아무것도 바꿀 수 없고, 앞으로도 바뀌지 않을 것이라고 믿는 만연한 무력감이라고 설명한다.

인지행동치료 관점에서 우울증은 자신에 대한 부정적인 평가, 세상에 대한 부정적인 관점, 미래에 대한 부정적인 예상이라는 세 가지 사고 패턴을 특징으로 한다. 구체적으로 말하면 우울증을 겪는 사람은 자신의 실패를 자신의 무능력함 때문이라고 생각하고, 세상은 자신에게 끊임없이 좌절을 경험하게 하는 환경이며, 앞으로도 상황은 나아지지 않을 것이라 여긴다. 따라서 치유를 위한 노력이 전부 무의미하다고 느낀다. 우울증 증상을 치료하기 위해서는 이러한 자기제한적인 신념self-limiting beliefs에 도전하는 것이 중요하다. 우울증은 종종 자기 내부에게로 돌린 분노로 인해 자기혐오로 변하는 경우가 많다. 치유는 자신의 감정을 받아들이고, 이를 표현하는 능력을 되찾는 것을 포함한다. 자신이 당한 학대에 분노를 느끼는 것은 스스로를 보호하는 힘이 된다. 이 장의 치유 전략은 마음, 감정, 몸을 함께 사용해 현재의 삶에서 힘을 느끼는 방법들이다.

치유의 시작

제나와 레오는 우울증에서 흔하게 볼 수 있는 특징을 가지고 있었다. 이들이 우울증을 극복한 첫 번째 치유 전략은 내면의 자비로운 관찰자가 되어 자신의 생각을 마음챙김하며 주의 깊게 관찰하는 것이다. 이를 통해 내면의 비판자가 내는 목소리를 인식할 수 있다. 이러한 알아차림을 바탕으로 자신의 근원적인 욕구와 감정을 지지함으로써 스스로를 보호하는 법을 배운다.

제대로 표현되지 못한 감정은 마치 수년 동안 무거운 배낭을 메고 살아온 것처럼 당신을 무겁게 짓누른다. 두 번째 치유 전략은 감정을 느끼고 짐짝 같은 배낭을 비우도록 독려한다. 고통스러운 감정의 무게를 덜어내면 마음이 가볍고 자유로워진다. 결과적으로 더 이상 소파에 웅크리고 있고 싶지 않을 것이다. 몸을 움직이고, 스트레칭하고, 삶에 대한 열망을 더 쉽게 실현한다.

마지막 치유 전략은 움직임과 운동을 삶에 통합한다. 이 전략은 우울증의 신체 생리적 영향으로부터 벗어나도록 돕는다.

제나의 이야기

"제대로 할 수 있는 게 아무것도 없어요"

"다른 사람들은 모두 잘하는 것 같은데, 난 항상 때와 상황에 맞지 않은 말만 하는 것 같아요. 제대로 할 수 있는 게 아무것도 없어요! 난 왜 늘 이 모양이죠?"

제나는 어깨를 잔뜩 구부리고 고개를 푹 숙인 채 소파에 앉았다. 그녀는 내면에서 끊임없이 들려오는 가혹한 목소리에 시달리고 있었다. 부정적인 혼잣말은 지나친 일반화를 하거나 타인과 비교하는 일을 일삼으며 불필요하게 자신을 낮추었고 증상은 점차 심해졌다. 그녀는 아무것도 제대로 하지 못한다는 믿음에 사로잡혀 깊은 절망감에 빠져 있었다.

치료를 통해 제나는 자신에게 너무 가혹하고 비판적인 방식으로 말하고 있다는 것을 깨달았다. 또한 자신의 부정적인 생각들이 우울증을 악화시키고 있다는 것을 인정했다. 나는 긍정적인 생각이 우울증을 줄인다는 연구 결과를 알려주었다.

그녀는 비록 긍정적인 생각들이 사실이라고 믿지는 않았지만, 자신에게 더 친절하게 말해보기로 결심했다. 시간이 지나면서 친절한 생각들이 우울했던 기분을 나아지게 하며, 자신의 절망감을 줄인다는 걸 경험했다. 그녀는 긍정적인 생각들을 계속 유지했다.

결국 제나는 가혹한 내면 비판자의 목소리가 사실은 어렸을 때 실수를 용납하지 않고 지나치게 비판적이었던 어머니로부터 받은 메시지라는 것을 깨달았다. 이제 제나는 비판자에게 맞서 자신의 목소리를 내며, 어머니의 가혹함이 미친 부정적 영향에서 벗어나 스스로를 더 존중하는 방식으로 대하게 되었다.

✧

치유 전략

도움이 되는 생각을 기르자

마음챙김 연습은 자신을 비판하지 않고 사랑으로 온전히 받아들이는 능력을 키운다. 이를 통해 자신의 생각을 자비로운 마음으로 관찰할 수 있게 된다. 구조화된 명상 과정을 따라하면서 마음챙김을 연습해 보자. 처음에는 어렵게 느껴질 수 있으니 하루에 5분 정도부터 시작하여 점차 시간을 늘려 나간다. 명상을 하는 동안 시계를 보지 않아도 되도록 타이머를 설정한다.

이제 편안하게 자리에 앉는다. 의자에 앉을 수도 있고 바닥에 방석을 놓고 앉을 수도 있다. 몇 분 동안 편안하게 앉아 있을 수 있다면 어디든 좋다. 명상을 하면서 각각의 생각이 도움이 되는지, 도움이 되지 않는지에 주목하면서 관찰한다. 여기서 알아두어야 할 중요한 점은 생각을 "좋다", "나쁘다", "옳다", "그르다"로 판단하지 않는 것이다. 그보다는 어떤 생각이 마음을 편안하게 만들고, 어떤 생각이 스트레스를 주는지 단순하게 구분한다. 이 연습의 목표는 마음을 선명하게 하는 것이다. 흐릿함이나 혼란을 만들어내는 모든 생각이 지나가도록 허용한다. 도움이 되지 않는 생각은 불친절하고, 비현실적이고, 지나치게 일반화되어 있고, 자기폄하적이고, 수치스러우며, 자기혐오로 가득 차 있다. 내면의 비판자는 종종 그 생각들을 부채질한다. 도움이 되지 않는 생각으로는 자신이나 다른 사람에 대한 가혹한 판단이나 절망감을 부추기는 반복적인 반추rumination도 있다. 다음은 도움이 되지 않는 생각의 구체적인 예시다.

- 나는 가치 없는 사람이다.
- 나는 실패자다.
- 나는 패배자다.
- 나는 아무것도 제대로 할 수 없다.
- 나는 결코 나아지지 않을 것이다.
- 아무도 나를 사랑하지 않을 것이다.
- 나는 누구도 믿을 수 없다.
- 내 기준에 맞는 사람은 아무도 없다.

마음속에 떠오르는 도움이 되지 않는 생각들을 탐색하면서 반복해서 떠오르는 특정 생각이 있는지 알아차려 본다. 이러한 생각들이 익숙한가? 자신이나 세상에 대한 부정적인 메시지를 어디에서, 누구에게 배웠는지 스스로에게 질문해 본다.

명상 연습의 다음 단계는 도움이 되지 않는 생각을 흘려보내고, 그 자리를 더 적절하고 도움이 되는 생각들로 채우는 것이다. 강둑에 앉아 도움이 되지 않는 생각들을 강물에 띄워 보내는 이미지를 상상한다. 대신 자신에게 해주고 싶은 새롭고 긍정적인 생각들은 무엇인지 떠올려 본다. 다음은 자신에게 해줄 수 있는 친절하고 너그러운 말의 몇 가지 예시다.

- 나는 나를 있는 그대로 받아들인다.
- 나는 완벽하지 않아도 사랑받을 자격이 있다.
- 나는 있는 그대로 충분하다.
- 나는 친절과 존중을 받을 자격이 있다.
- 모든 사람을 믿을 수는 없지만 신뢰할 만한 사람을 찾을 수 있다.
- 나는 그저 인간일 뿐이다. 나는 나의 실수를 받아들일 것이다.
- 다른 사람들도 인간이다. 그러므로 나는 그들의 실수를 받아들일 것이다.

명상을 마치고 자신에게 친절하고 너그럽게 말할 때 어떤 느낌이 드는지 잠시 주목해 본다. 감정적으로 어떤 변화가 있는가? 몸에서는 어떤 느낌이 드는가? 이 명상의 결과로 행동이 어떻게 변할지 상상해 본다. 반복적으로 연습하면 지속적인 변화를 만들어낼 수 있다. 도움이 되는 생각을 키우는 것을 일상에서 꾸준히 실천해 보고 어떤 일이 일어나는지 관찰한다.

레오의 이야기

"난 더 이상 아무것도 요구하지 않게 되었어요"

"아내는 내가 감정을 표현하지 않는다고 자주 불만을 토로해요. 문제는 내가 대부분의 경우 어떤 감정을 느끼는지, 무엇을 원하는지 잘 모른다는 거예요. 어릴 때부터 무엇을 말하거나 원하든 부모님은 무시하거나 방으로 보내버리셨어요. 그래서 난 더 이상 아무것도 요구하지 않게 되었어요. 아내는 내게 거리감이 느껴진다고 치료를 받으라고 했어요. 아내는 날 보고 우울하다고 생각하지만, 난 이게 그냥 나라고 생각해요."

이상적으로 자상하고 배려심 많은 부모는 자녀가 슬픔, 상처, 분노를 느끼는 순간에 아이를 사랑스럽게 지지해 주면서 감정을 느껴도 괜찮다는 것을 알려준다. 이런 식의 상호작용은 아이에게 취약해도 괜찮으며, 욕구를 갖는 것은 당연하다는 메시지를 전달한다. 이와 달리 어린 시절 정서적 방임이 지속될 경우 어떤 고통스러운 결과를 초래하는지 레오의 이야기가 잘 보여준다. 부모의 지지 부족으로 인해 레오는 자신의 감정과 욕구를 알아차리거나 표현하지 못하는 어른으로 자라났다.

치료실에서 레오는 무표정한 얼굴을 하고 사무적인 어조로 말했다. 우리는 누군가가 자신을 진정으로 이해해주거나 자신의 연결되고 싶은 욕구를 충족시켜줄 것이라는 희망을 버려야 했던 어린 소년의 슬픔과 상실을 탐색하기 시작했다. 처음에는 그가 느끼는 감정을 인식할 수 있도록 도와주었고, 이후에는 부모에게 느꼈던 분노와 슬픔을 표현할 수 있도록 도와주었다. 그는 오랜 세월 동안 자신의 욕구를 부정하면서 남에게 기대거나 의지하지 않는 사람으로 살아왔지만, 자신의 이면에 여전히 다른 사람과의 연결과 사랑을 원하는 진정한 욕구가 있다는 것을 발견했다. 그는 아직 늦지 않았다는 것을 깨달았고 결국 자신의 감정을 온전히 느끼는 법을 배우게 되었다.

✧

치유 전략

감정을 포용하라

우울 증상은 종종 힘든 감정을 억압한 결과로 나타난다. 앞으로 소개할 치유 전략은 자신의 감정을 인식하고, 표현하는 두 부분으로 구성되어 있다. 첫 번째 부분은 감정이 생겼을 때 이를 인식하는 것이다. 어린 시절에 감정을 무시당하거나 외면당해서 감정이 마비되거나 단절된 것 같은 느낌이 드는 경우 감정의 인식이 특히 더 중요하다. 소매틱 심리학은 신체 감각에 주의를 기울이는 것이 감정 인식에 도움이 된다고 말한다. 예를 들어, 화가 났을 때 가슴이 답답해지거나, 슬플 때 목에 뭔가 걸린 것 같거나, 수치심이 들 때 몸이 안쪽으로 수축되는 것을 느낄 수 있다. 감각과 감정 사이의 연결을 만들기 위해서는 정기적으로 자신의 몸을 확인하는 연습이 필요하다. 이렇게 일상 속에서 신체 알아차림을 늘리는 것 외에도 훈련된 치료자와 함께 진행할 수 있다. 치료자는 얼굴 표정이나 몸짓의 미묘한 변화를 인식하도록 도와주어 감정 조율에 도움을 준다.

과거 힘들었던 사건을 떠올려보면서 자신의 감정을 알아차려 본다. 몸에서도 어떤 변화가 있는지 살펴본다. 힘든 일을 겪을 때 무엇을 느꼈을 것 같은가? 그 사건에 대한 감정과 긴장된 신체 부위 사이에 어떤 연결이 있는지 확인한다.

감정을 억압하면 우울 증상이 악화될 수 있다. 이 치유 전략의 두 번째 부분은 자신의 감정에 귀를 기울이고, 존중하고, 표현할 수 있도록 돕는 것이다. 일반적인 감정 몇 가지를 예로 들어 이 전략이 어떻게 적용되는지 살펴보겠다.

분노: 앞서 말했듯이 우울증은 종종 억압된 분노가 내면을 향해 나타난다. 분노를 느끼고 표현하는 것의 이점은 이 감정이 우울 증상에서 벗어나는 데 필요한 에너지를 줄 수 있다는 점이다. 분노를 느끼면 가슴과 팔이 답답해지거나 배나 다리에 에

너지가 차오르는 것처럼 느낄 수 있다. 건강한 방식으로 분노를 받아들이는 것은 이전에는 학대자에게 결코 표현하지 못했던 배신감, 상처, 분노와 같은 억압된 감정에 목소리를 부여한다. 그 결과 갑자기 운동을 시작할 에너지가 생겨 기분이 좋아지거나, 또는 분노가 어떤 과제를 완수하는 데 도움이 되어 자존감이 높아질 수 있다. 분노의 에너지를 자기보호에 사용하면 경계를 만들거나 요구 사항을 단호하게 전달하는 데 도움이 된다.

두려움: 두려움은 종종 떨림, 흔들림, 얼어붙음과 같은 신체 반응을 동반한다. 우리는 두려움을 무시하면 사라질 것이라고 생각하기 쉽다. 하지만 억압된 두려움은 활력을 떨어뜨려 우울 증상을 악화시킨다. 모든 감정과 마찬가지로 두려움도 느끼고 직면해야만 용기에 접근할 수 있다. 두려움은 과거의 끔찍한 기억을 떠올리거나 현재 환경의 위협에 대한 반응으로 나타난다. 만일 두려움이 과거로부터 온 것이라면 호흡을 통해 마음을 진정시키고 용기를 찾아보자. 감정과 접촉할지 말지를 스스로 선택할 수 있다는 것을 생각하면서 몸을 느껴보자. 그리고 이제 당신은 안전하다는 사실을 떠올린다. 만약 현재 상황에서 두려움을 느끼고 있다면, 그 두려움은 주변의 위험을 용기 있게 인식하고 위험에서 벗어나기 위한 삶의 변화를 만드는 데 도움을 줄 수 있다.

수치심: 수치심은 받아들여지지 못한 것에 대한 상처다. 거절, 굴욕, 배신과 같은 감정을 동반한다. 또한 수치심은 종종 학대나 부정적인 상황을 나의 잘못이라고 믿게 만들어 우울 증상을 악화시킨다. 스스로를 고립시키고 세상으로부터 숨고 싶은 충동을 느낄 수도 있다. 수치심은 감당하기 어려울 수 있지만 이해받고, 돌봄을 받고, 무조건적으로 수용되고, 사랑받고 싶은 기본적인 욕구와 직접적으로 연결되어 있는 중요한 감정이다. 수치심을 포용하기 위해서는 먼저 자신을 친절하고 사랑스럽게 바라볼 수 있는지 살펴봐야 한다. 어린아이를 안심시켜 주듯이 자신에게 말을 걸고, 자신의 가장 취약한 부분이 온정 어린 깊은 관심을 받을 수 있도록 허용한다.

슬픔: 대부분 우울 증상의 기저에는 표현되지 못한 슬픔이 있다. 슬픔은 애도의 감정에 대한 신성한 접근이다. 따스한 사랑과 인정의 마음으로 자신의 슬픔을 바라보는 것이 무엇보다 중요하다. 슬픔에 압도되어 자기연민에 빠지는 것과 슬픔이 자신을 통과해 지나가도록 허용하는 것은 다르다. 모든 감정은, 그것을 있는 그대로 느끼고 나면 시간과 함께 자연스럽게 가라앉는다. 자신에게 슬픔을 느끼거나 놓아버리는 데 어려움이 있는지 확인한다. 궁극적으로 슬픔의 건강한 표현은 자신이 잃어버린 것을 애도하고, 눈물이 지닌 치유의 힘을 경험하는 것이다.

✦

자가 진단

나의 상태는 어떤가요?

이 장을 읽으면서 무엇을 경험했는지 잠시 되돌아보자. 내용 중에 당신을 불안하게 하거나 화나게 한 부분이 있었는가? 필요하다면 책을 내려놓고 잠시 휴식을 취해도 된다. 그래도 불편한 감정이 지속된다면 혼자 해결하려고 하지 말고 전문가의 도움을 받는 것이 좋다. 복합 PTSD 치유는 온정적인 보살핌을 줄 수 있는 치료자와 함께할 때 가장 도움이 된다. 우울 증상은 종종 무능감, 절망감, 무기력감의 경험이 축적된 결과다. 이렇게 축적된 고통에서 벗어나는 데에는 시간이 걸린다. 자신을 비판하고 판단하는 생각을 자비로운 대화로 바꾸는 연습을 계속해 나가자. 감정 또한 평생 동안 연습해야 한다는 점을 기억하자. 이러한 연습은 과거의 감정적 부담을 덜어줄 뿐만 아니라 일상적으로 나타나는 힘든 감정과도 친구가 되는 데 도움을 준다. 다음 부분에서는 움직임의 치유력에 초점을 맞춘 마지막 전략을 소개하면서 이 장을 마무리하겠다.

✦

치유 전략

스트레칭, 긴장 풀기, 활력 되찾기

이 장의 마지막 연습은 우울 증상과 함께 나타나는 몸의 무거움과 긴장을 완화하기 위한 가벼운 스트레칭과 신체 동작이다. 오랫동안 운동을 하지 않았다면 가벼운 스트레칭부터 시작하는 것이 좋다. 좋아하는 음악을 들으며 거실에서 간단한 스트레칭을 하거나, 야외로 나가 가볍게 산책을 해도 좋다. 또는 요가, 태극권, 펠든크라이스(Feldenkrais; 소매틱 심리학에 입각한 움직임 테라피)에 참여할 수도 있다. 이 수업들은 천천히 마음챙김을 하면서 몸을 움직일 수 있도록 안내한다.

원한다면 좀 더 활동적인 움직임도 탐색해볼 수 있다. 예를 들어, 빠르게 걷기, 달리기, 자전거 타기 등이 있다. 또는 댄스 같은 활동적인 수업에 참여하거나 헬스장에서 아령 들기 같은 근력 운동을 하는 것도 좋다. 이때 운동을 하면서 심장이 뛰는 것을 느껴보자. 운동은 기분을 좋게 하는 천연 화학 물질인 엔도르핀을 분비시켜 자연스러운 활력을 준다.

나에게 맞는 움직임을 찾는 것이 중요하다. 나에게 맞는 속도로 운동하고, 나에게 즐거움을 주는 움직임을 찾아보자. 운동이 다 끝나면 몸이 회복되는 것을 느끼며 감사의 마음을 잠시 느낀다. 이 책에 나와 있는 모든 치유 전략과 마찬가지로, 이 연습도 자기관리의 한 부분으로 일상 속에서 계속해서 시행하기를 권장한다.

5

감정 조절 장애 치유

"나는 균형 찾는 법을 배우고 있습니다"

학대나 방임하는 가정에서 자란 사람들은 감정을 건강한 방식으로 표현하는 데 어려움이 있다. 그들은 격하게 화를 내고, 억누를 수 없는 울음을 터뜨리고, 통제력을 상실한 것 같은 느낌을 받는다. 아니면 반대로 감정을 차단해 감정으로부터 단절된 느낌을 받기도 한다. 두 가지 패턴 모두 감정 조절의 어려움을 보여주는 예로, 복합 PTSD를 가진 사람들의 온전한 삶을 방해한다. 이 장에서는 감정 조절 문제의 근원에 대해 논의하고, 건강하고 균형 잡힌 관계를 발전시키는 데 도움이 되는 기술을 배운다. 이러한 기술은 내면을 더욱 풍요롭게 하고 기쁨을 누릴 수 있는 능력을 향상시켜줄 것이다.

크리스틴의 이야기

"화가 나서 소리 지르는 걸 멈출 수가 없어요"

"남편이 출장을 가야 한다는 말을 듣고부터 이 모든 게 시작됐어요. 그가 날 사랑한다는 것도 잘 알고, 단지 짧은 출장이라는 걸 이성적으로는 알고 있지만 남편이 내 곁을 영영 떠날 것 같은 끔찍한 느낌이 들었어요. 스스로를 통제할 수 없었어요. 너무 화가 나서 소리를 지르기 시작했는데 도저히 멈춰지지가 않았어요. 나중에는 내가 너무 형편없게 느껴졌어요. 주체할 수 없이 눈물이 쏟아졌고, 이제 무얼 어떻게 해야 할지 모르겠어요."

크리스틴은 눈물범벅인 얼굴을 하고 상담실로 들어왔다. 그녀는 감정적으로 압도되어 있었고 수치심에 사로잡혀 있었다. 우리는 촉발 사건, 즉 남편이 출장을 간다는 사실을 알게 된 일을 탐색하면서 상담 회기를 시작했다. 먼저 남겨지는 것에 대한 두려움의 근원을 탐색했다. 많은 경우에 그렇듯이, 크리스틴의 반응을 이해하기 위해서는 어린 시절 가정에서 경험한 관계 패턴을 살펴볼 필요가 있었다.

크리스틴은 어머니가 자신이 원하지도 않는 드레스와 인형을 어떻게든 자신에게 주려고 했던 모습을 기억했다. 사실 그녀는 드레스를 입는 것도, 인형을 가지고 노는 것도 별로 좋아하지 않았다.

그저 어머니의 사랑을 원했을 뿐이다. 크리스틴이 드레스를 입지 않으려고 하면, 어머니는 "왜 나를 사랑하지 않는 거야!"라며 고함을 질렀다. 그러고는 크리스틴에게 말을 걸지 않았고 때로는 침묵이 며칠씩 이어지기도 했다.

크리스틴은 치유의 한 과정으로 변증법적 행동치료의 개념인 "지혜로운 마음wise mind"과 연결하는 연습을 했다. 이 연습은 생각과 감정을 통합하는 것이다. 크리스틴은 남편이 떠날 의도가 전혀 없다는 것을 이성적으로 알았지만, 마음이 너무 불안해서 미쳐버릴 것 같았다. 지혜로운 마음을 통해 이 불안한 감정은 남편에 대한 것이 아니라 어린 시절 경험에서 비롯된 것임을 깨달았다. 이후 크리스틴은 "강렬한 감정 사이에서 균형을 찾는 법을 배우고 있어요"라고 말하며 남편의 출장을 좀 더 편하게 받아들일 수 있게 되었다. 현실에서 안정감을 찾은 그녀는 이제 어린 시절의 상처로 눈을 돌릴 수 있게 되었다. 즉, 오래된 고통을 다룰 준비가 되었다.

감정 조절 장애를 이해하기

감정이 잘 조절되면 두 발로 바닥을 잘 딛고 있는 것처럼 안정감이 느껴지고 차분해진다. 또한 힘든 감정도 삶의 일부임을 자연스럽게 받아들여진다. 그러면 감정적으로 압도되거나, 무감각해지거나, 해로운 행동에 의존하지 않고 다양한 감정을 표현할 수 있다. 감정 조절 능력은 상황에 맞는 적절한 결정을 내리고, 자신의 욕구를 당당하게 주장하며, 다른 사람과 원활하게 소통할 수 있게 해준다. 이와 대조적으로 감정 조절의 어려움이란 슬픔, 분노, 두려움과 같은 강렬한 감정 반응을 주체하지 못하는 것을 말하며, 일에 집중하고, 자녀를 양육하고, 사랑하는 사람들과의 관계를 유지하는 데 문제를 야기한다. 크리스틴처럼 버림받는 것에 두려움을 느낄 수 있고, 다른 사람의 행동에 쉽게 자극을 받거나, 소중한 사람에게 실망했을 때 심하게 괴로울 수 있다. 감정 조절의 어려움은 나중에 후회할 행동으로 이어지는 경우가 많다. 예를 들어, 다른 사람에게 분노를 터뜨리거나 자해하고 싶은 충동을 느낄 수 있다. 이런 행동은 점점 더 심각해져 자기혐오감에 사로잡히거나 자살만이 고통에서 헤어나는 유일한 방법이라고 생각하게 만든다.

감정 조절의 어려움은 아동기 트라우마를 겪은 사람들에게 흔하게 나타나는 문제다. 그럴 수밖에 없는 이유 중 하나는 감정을 다루고 조절하는 법을 아동기에 학습하기 때문이다. 아이들의 사회적, 정서적 지능 발달을 위해서는 건강하고 배려심 많고 세심한 어른들이 필요하다. 부모의 역할은 아이가 불편한 감정을 표현해도 안전하다고 느끼도록 돕는 것이다. 아이들은 지지받을 때 스트레스는 일시적인 것이며, 힘을 북돋아주는 긍정적인 경험이나 대인관계의 깊은 연결감을 통해 스트레스를 해소할 수 있다는 것을 배운다. 하지만 부모가 감정적으로 압도되면 자녀는 건강한 정서적 환경을 발달시키지 못한다. 이러한 안전하지 않은 환경에서 아이들은 감정적으로 폭발하거나 자신의 감정으로부터 단절될 수 있다. 심지어 어떤 경우에는 아이들이 부모의 정서적 고통에 지나치게 민감해져 부모의 정서적 욕구를 돌보는 역할을 떠맡는다.

인내의 창

어린 시절에 트라우마 상황 아래에서 배운 감정 반응 패턴은 성인기에 과도한 울음, 쉽게 화를 내는 경향, 무기력하고 멍한 느낌, 타인의 감정에 지나치게 민감하게 반응하는 것 등으로 나타난다. 이처럼 감정이 조절되지 않는 상태일 때 당신은 '인내의 창 The Window of Tolerance' 외부에 있다는 것을 의미한다. 인내의 창은 댄 시겔Dan Siegel 박사가 제시한 개념으로, 감정에 압도되지 않고 관리할 수 있는 스트레스 범위를 말한다. 인내의 창 내부에 있을 때는 혼란스러운 감정과 불편한 신체 감각을 능숙하게 다룰 수 있다. 또한 어느 정도의 스트레스는 스스로 처리하고 안전한 느낌으로 다시 돌아온다. 하지만 인내의 창을 벗어나면 두려움, 짜증, 초조, 분노, 과도한 울음과 같은 과각성된 감정을 느낀다. 이러한 감정들은 교감 신경계가 활성화되었음을 의미한다. 반대로 피로, 활기 저하, 무기력, 무감각, 감정의 둔화, 우울감과 같은 저각성의 감정은 부교감 신경계가 반응하고 있음을 의미한다. 복합 PTSD를 겪는 사람은 종종 과각성 상태와 저각성 상태가 번갈아 가며 나타난다. 어린 시절에 배운 감정 반응 패턴은 성인기에도 계속되어 싸우거나, 도피하거나, 비위 맞추거나, 얼어붙거나, 실신하는 경향으로 나타날 수 있다.

싸움fight: 싸움 반응을 보이는 사람은 자신과 타인에 대해 비판적이거나, 화와 격노로 가득 차 있으며 통제 욕구가 강하다. 이 패턴과 관련이 있다면 분노를 건강하게 표현할 수 있도록 치료 과정에서 이 감정을 다룰 필요가 있다. 분노 에너지를 자신이나 다른 사람에게 쏟아내는 대신 내면의 힘으로 삼아 경계를 설정하고, 학대받는 사람들을 보호하는 데 사용할 수 있다.

도피flight: 도피 반응을 보이는 사람은 쉽게 놀라고 주변 환경에 과민하게 반응하며 항상 경계하는 모습을 보인다. 불안정하거나, 많은 생각이 빠르게 지나가거나, 몸과의 연결이 끊긴 느낌이 든다. 이는 트라우마를 상기시키는 것으로부터 도망가는 것일 수 있다. 이 경우 속도를 늦추고, 몸과 연결하고, 지금 여기에서의 마음챙김을 기르는 데 집중한다.

비위 맞춤fawn: 부모의 정서적 욕구를 돌보는 것을 통해 학대를 피하려는 아이는 심리학자 피트 워커Pete Walker가 말하는 '비위 맞춤'이라는 방어 반응을 보인다. 비위 맞춤 반응은 위협의 원인이 되는 사람을 달래거나 기쁘게 하려는 시도를 말한다. 목적는 학대자에게 공격을 당하지 않기 위해 학대자의 정서적 또는 신체적 욕구를 충족시켜주는 것이다. 이러한 복종적인 반응은 종종 학대자에 대한 병적인 애착을 초래한다(이 주제에 대해서는 9장에서 더 깊게 논의하겠다). 해결되지 않은 비위 맞춤 반응은 성인기에 관계 유지를 위해 자신의 욕구를 희생하는 공동의존codependence 패턴으로 이어질 수 있다. 만약 비위 맞춤 반응으로 어려움을 겪고 있다면 자신의 경계를 세우고 자기가치감을 높이는 법을 배우는 것이 중요하다.

얼어붙음freeze: 얼어붙음 반응은 생명이 위협받는다고 예상될 때 몸을 완전히 움직이지 못하게 되는 상태를 말한다. 예를 들어 밤길 운전 중에 자동차 헤드라이트에 비친 사슴을 생각해 보자. 대개 숨을 참고 꼼짝할 수 없는 것처럼 얼어붙은 모습이다. 동물이 스트레스를 방출할 때 몸을 흔들거나 움직이고, 숨을 깊게 쉬듯이 얼어붙음 반응에서 빠져나오기 위해서는 움직임이 도움이 된다.

실신faint: 몸이 우리가 위험에 처해 있고 생존을 위해 에너지를 보존해야 한다고 판단하면 실신 반응이 일어난다. 실신 반응을 경험하면 단절감, 해리감, 무감각함을 느끼거나 사람들과 거리를 두고 싶은 충동을 느낄 수 있다. 또한 메스꺼움, 현기증 또는 시야가 흐려지거나 흔들리는 등의 시력 문제를 경험할 수 있다. 이러한 증상의 발현은 죽음을 피하기 어려운 상황에서 작동하는 원시적인 방어 시스템에 의존하고 있음을 가리킨다. 실신 반응에서 벗어나기 위해서는 천천히 감각에 주의를 기울여야 한다. 예를 들어, 잠시 주변 공간을 둘러보며 편안함과 안정감을 주는 단서에 주의를 기울인다. 또는 안전하다고 느끼는 대상과 연결되는 느낌을 탐색한다(해리 증상의 치료는 6장에서 더 자세히 논의할 것이다).

인내의 창 넓히기

트라우마 회복 과정 초기에는 자신의 자원을 찾고 조절 능력을 키우는 것이 무엇보다 중요하다. 다시 말해 인내의 창 안에 머무르는 법을 배워야 한다. 더 나은 조절 능력은 트라우마를 회복하는 과정 중에 일어날 다양한 정서적 고통을 다룰 수 있는 힘을 키워주고, 이는 다시 인내의 창을 넓히는 데 도움을 준다. 변증법적 행동치료에서는 이 과정을 '고통 내성 능력 증진increasing your distress tolerance'이라고 한다. 자비로운 마음으로 불편한 감정과 신체 감각에 주의를 기울이며, 어떠한 느낌이 즉각적인 반응을 반드시 필요로 하지 않는다는 점을 인식한다. 인식은 곧 인내의 창의 확장으로 이어진다. 예를 들어, 짜증, 호흡의 변화, 집중력 저하, 갑작스러운 피로감 등이 느껴질 때, 느낌들을 밀어내는 대신 호기심을 갖고 관찰해 보자. 이 느낌들은 과거와 연결되어 있을 수도 있고, 또는 현재 상황에 변화가 필요하다고 몸이 알려주는 신호일 수도 있다. 이제 충동적으로 반응하는 대신 긍정적인 대처 전략을 사용해 보다 현명한 행동을 선택한다. 예를 들어 경계를 설정하거나, 자기주장을 하거나, 마음챙김을 하면서 건강하지 못한 관계를 끝낼 수 있다.

자율신경계의 불균형은 신체 건강에 큰 영향을 미친다. 오랜 시간 동안 인내의 창을 벗어난 상태가 지속되면 소화, 수면, 면역 체계, 심혈관 건강에 문제가 생기기 쉽다. 하지만 동시에 몸의 지혜에 접근하여 치유를 도울 수도 있다. 예를 들어, 어린 시절엔 위험한 상황에서 자신을 보호할 수 없었다면, 이제는 천천히 마음챙김을 하면서 몸에 축적된 억눌린 에너지를 내보내는 능력을 되찾는다. 이런 식으로 신체 움직임과 연결해 오랜 기간 몸에 갇혀 있던 트라우마를 해결하여 건강을 증진시킬 수 있다.

치유의 시작

잠시 시간을 내어 앞에서 싸움, 도피, 비위 맞춤, 얼어붙음, 실신 반응에 대해 설명한 부분을 읽어보자. 그중에서 나의 감정 반응 패턴과 유사해 보이는 것이 있는가? 이러한 자기알아차림은 치유 전략을 실행할 때 중요하다. 여기에서는 보니와 칼이 기술한 감정 조절 문제의 일반적인 경험에 대해 살펴보겠다. 첫 번째 치유 전략은 고통에 대한 내성을 키우는 방법이며, 두 번째 치유 전략은 소매틱 심리학에서 나온 것으로 몸의 치유력에 접근한다.

치유에는 인내심이 필요하다는 점을 기억하자. 감정과 감각을 다시 연결할 때는 부드럽게, 압도되지 않는 속도로 진행하는 것이 중요하다. 그래야 불편감과 함께 있을 수 있는 능력을 키울 수 있다. 하지만 거기서 끝이 아니다. 고통을 견디는 능력이 향상되는 것과 신체 감각과 연결하는 체화embodiment의 사용은 자기연민을 증가시키고, 타인과의 관계를 개선하는 등 많은 긍정적인 변화의 단단한 기반이 된다.

보니의 이야기

"억누르지 않으면 난 무너질 거예요"

"열두 살 때부터 술을 마시고 마약을 시작했어요. 부모님은 늘 곁에 계시지 않았기 때문에 고통을 다룰 방법을 스스로 찾아야만 했거든요. 너무 외로웠어요. 학교 친구도 없었고, 심지어 친언니들도 나를 따돌리고 거의 말을 걸지 않았으니까요. 30대에 술을 끊었지만 여전히 과거의 고통이 날 괴롭히고 있어요. 나의 벽 뒤에는 아주 많은 감정이 숨겨져 있어요. 이 모든 것을 억누르지 않으면 난 무너질 거예요."

보니는 감정을 느끼면 쉽게 무너질 것 같아 두려워했고, 술을 끊었지만 여전히 고통스런 감정을 다루지 못해 힘들어했다. 그녀는 사업을 운영하며 새로운 프로젝트를 계획하고 조직하는 데 대부분의 시간을 보냈다. 하루하루 바쁘게 사는 것으로 수치심과 슬픔 같은 취약한 감정을 밀어냈다. 덕분에 사회적으로는 성공했지만 미래에 대한 걱정이 끊이지 않았다.

치료 과정에서 보니는 자신의 감정이 완전히 단절되거나, 정서적 · 신체적 고통에 휩싸이는 두 가지 극단적인 상태에 있다고 이야기해주었다. 하지만 이러한 '모 아니면 도' 식의 패턴은 오히려 문제를 악화시키는 결과를 초래했다. 이제 보니는 자신의 과거와 새로운 방식으로 관계를 맺을 준비가 되어 있었다. 그녀는 변증법적 행동치료 기술 중 고통에 대한 내성을 키우는 기술을 배웠다. 감정과 쉽게 단절되는 경향이 있었기 때문에 감정과 신체 감각에 천천히 마음챙김을 하며 주의를 기울이는 연습을 했다. 결국 어린 시절의 오래된 고통을 이겨낼 만큼 자신이 충분히 강하다는 자신감을 얻게 되었다.

✧

치유 전략

고통에 대한 내성을 키워라

치료의 중요한 목표 중 하나는 고통스러운 감정을 효과적으로 다루는 방법을 배우는 것이다. 그러기 위해서는 힘들고 고통스러운 감정과 함께하는 법을 배워야 한다. 아무리 노력해도 인간으로서 살아가면서 겪는 어려움을 전부 피할 순 없다. 불편한 감각이나 감정을 느낄 때 우리는 '사라져!' 또는 '난 감당할 수 없어'와 같은 생각이 자동적으로 떠오른다. 이러한 생각은 자해, 폭발적인 감정 분출, 물질·약물 남용 충동으로 이어질 수 있다.

고통을 인내하기 위해서는 마음챙김 연습이 필요하다. 먼저 명상 과정을 따라가면서 시작한다. 명상하는 동안 시계를 보지 않아도 되게끔 5분 타이머를 설정한다. 이제 의자에 앉거나 바닥에 방석을 놓고 편안한 자세로 앉는다. 그리고 감각과 감정을 관찰하기 시작한다. 불편한 느낌이 들면 감각이나 감정을 밀어내려는 충동에 따르지 말고 자신의 경험에 호기심을 가지고 머무른다. 이때 모든 감정이 일시적이라는 것을 기억하는 게 도움이 된다.

감각 경험을 판단하지 않고 대신 있는 그대로 자신에게 설명해 본다. 체온, 몸의 긴장된 부위, 손에 들고 있는 책의 느낌, 호흡의 느낌에 주목한다. 감정과 함께 조금 더 머무르면서 어떤 일이 일어나는지 관찰한다. 호흡을 계속하면서 감정을 관찰할 때 미묘한 변화가 있는지 살핀다. 아마 마음챙김과 자기성찰적 알아차림reflective awareness의 자연스러운 결과로 고통이 서서히 가라앉았다는 것을 알게 될 것이다. 더 의식적인 방식으로 근원적인 감정에 접근하게 되어, 그 감정이 해결되는 경험을 할 수도 있다.

칼의 이야기

"통제력을 잃어버린 것 같아요"

"세 살짜리 아들 때문에 너무 힘들어요. 물론 아들은 그저 어린아이일 뿐이고, 그런 행동을 하는 건 아이로서 당연하다는 것도 알아요. 하지만 말을 안 들을 때면 정말 참을 수가 없어요. 예를 들어, 함께 외

출하려고 할 때 차에 타지 않거나, 잘 시간이 되었는데도 자꾸 딴짓을 하면서 안 자려고 하면 정말 화가 나요. 아들이 울기 시작하면, 난 정말이지 통제력을 잃은 것처럼 느껴져요. 몸이 부르르 떨리고 소리 지르고 싶어져요."

칼은 아들이 자신의 말을 듣지 않을 때 극도로 화가 나고 감정을 조절하기 어려워했다. 다행히 그는 자신의 감정 반응 패턴을 알고 문제를 해결하기 위해 전문가에게 도움을 구했다. 칼과 나는 '통제를 잃는 느낌'을 탐색했다. 호기심을 갖고 자신의 감정을 바라보자 어린 시절 화를 냈던 기억 하나가 떠올랐다. 기억 속의 어머니는 화가 난 자신을 달래거나 돌보는 대신에 오히려 더 크게 화를 냈다. 이 경험으로 인해 칼은 자신의 감정이 누구도 감당할 수 없을 만큼 크다는 생각을 내면화하게 되었다.

칼은 화가 나면 몸이 떨리고 소리 지르고 싶은 충동이 느껴진다고 했는데, 이는 인내의 창을 벗어나 높은 각성 상태에 있다는 징후다. 이러한 신체 반응은 어린 시절의 감정 및 애착 상처와 직접적으로 연결되어 있다. 하지만 더 중요한 점은 이 감정들이 칼이 해결책을 찾고 과거의 상처를 치유하는 열쇠가 된다는 것이다. 그는 몸에 주의를 기울임으로써 소리 지르고 싶은 충동이 현재 상황보다는 과거 어머니에게 표현하지 못한 분노와 더 관련이 있다는 것을 깨달았다. 그 후 칼은 아들에게 소리 지르고 싶은 충동이 줄어들었다. 이제 그는 몸을 통해 힘을 얻을 수 있었고, 자상한 아버지가 될 수 있었다. 격렬한 감정이 일어날 때마다 심호흡을 하고 발과 다리에 집중해 감정적으로 힘든 순간이 와도 감정과 감각이 잘 조절된 상태로 현재에 머무를 수 있었다.

✧

치유 전략

몸의 참여와 힘의 회복

소매틱 심리학은 촉발 사건으로 일어난 신체 반응을 알아차리고 이해하는 데 도움을 준다. 높은 각성의 싸움-도피fight-flight 반응에 갇혀 있기보다는 현재를 느끼고 힘을 얻을 수 있도록 불필요한 긴장을 풀어주는 움직임을 찾는다. 반대로 얼어붙음과 실신 반응으로 움직이지 못하거나 무너지는 느낌이 들면, 감각에 집중하고 호흡에 다시 연결하여 몸을 통해 이완된 각성relaxed alertness 상태를 경험한다.

다음 목록은 감정적으로 압도되거나 차단될 때 몸의 참여를 통해 힘을 얻는 몇 가지 방법이다. 다음에 제시된 예시 동작을 천천히 마음챙김을 하며 연습한다. 각 동작을 2~3회 반복한 다음 잠시 멈춰 몸과 마음에 미묘한 변화가 생겼는지 살펴본다.

- 벽 앞에 서서 양팔로 벽을 세게 민다. 그 자세로 힘을 주었다가 놓기를 반복한다. 이때 원하지 않는 것이나 위험의 근원을 밀어내고 경계를 세우고 있다고 상상한다.
- 앉거나 서 있는 자세에서 양발로 바닥을 힘 있게 누르고 다리의 대근육(허벅지 앞쪽 근육, 엉덩이 근육)에 힘을 주었다가 푼다. 누구도 당신을 넘어뜨릴 수 없다고 확신하면서 바닥 위에 단단히 선다.
- 일어서서 제자리에서 천천히 마음챙김하며 걸어본다. 이때 건강하지 않은 상황을 떠나고 있다고 상상한다.
- 중요한 뭔가를 잡기 위해 손을 내미는 것처럼 팔을 앞으로 뻗어 잡아본다. 원하는 것을 잡는 느낌이 어떤지 알아차려본다.
- 원하는 것을 손에 쥐었던 팔을 이번에는 가슴 쪽으로 당겨본다. 원하는 것을 받는 느낌이 어떤지 탐색한다.
- 어떤 감정을 경험할 때 함께 느껴지는 신체 감각에 주목해 본다. 그 감각 위에 손을 얹고 가볍게 누른다. 심호흡하면서 어떤 느낌인지 확인한다.
- 의자나 소파에 앉아 몸을 기대고 편안하게 휴식을 취한다. 무너지고 싶은 충동이 느껴지는지 확인한다. 만일 그러한 충동이 느껴진다면, 편안하면서도 깨어 있는 상태가 되기 위해 근육을 움직인다.

✦

자가 진단

나의 상태는 어떤가요?

이 장에서는 감정 조절의 어려움에 초점을 맞추었다. 이제 잠시 멈추고 되돌아보는 시간을 가져보자. 이 장에서 당신을 활성화시키거나 촉발시킨 부분이 있는지 확인한다. 만일 그런 부분이 있다면, 이 책에서 소개한 모든 치유 전략들을 기억하자. 반복적인 연습은 치유 전략을 더욱 효과적으로 활용하는 확실한 방법이다. 만약 지속적으로 압도되거나 차단되는 느낌이 든다면, 이 책만으로는 부족할 수 있다. 이러한 반응은 더 많은 도움과 지지가 필요하다는 신호일 수 있기에 잘 훈련된 트라우마 전문 치료자의 도움을 받는 것이 좋다. 마지막으로 다음 치유 전략들은 트라우마 회복 여정을 계속하면서 평온하고, 서로 연결되어 있고, 중심 잡힌 내면의 자아를 찾고 회복하도록 돕는다.

✦

치유 전략

내면의 지혜에 접근하라

중요한 결정을 내려야 할 때 감정에만 지나치게 의존한 적이 있는가? 기분이 변덕스럽거나, 충동적이거나, 혼란스러웠을 수 있다. 반대로 생각에만 너무 의존해서 결정을 내렸던 경험이 있는가? 이 경우 나중에 자신의 결정에 의구심이 생길 수 있고, 어쩌면 결정을 내리는 과정에서 진심을 무시하고 부정했을 수도 있다. 어떤 때는 냉철하면서도 직관과 연결되어 있다고 느꼈던 때도 있을 것이다. 내면의 지혜에 접근하는 것은 마치 중도를 걷는 것과 같다. 이는 감정과 논리적 성찰을 모두 고려하는 균형 잡힌 접근이다.

내면가족체계 심리치료 모델에서는 내면의 지혜를 '자기self'라고 부른다, 자기란 차분함, 자신감, 자비로움을 지닌 내면의 핵심적인 자아를 의미한다. 변증법적 행동치료는 이것을 '지혜로운 마음'이라고 부르며, 무엇이 옳고 무엇이 진실인지를 알고 있는 내면의 평온한 목소리를 말한다. 이 두 가지 치료 접근 모두 마음챙김 도구를 사용해 내면의 지혜와 연결을 시도한다.

내면의 지혜는 체화된 지식embodied knowing과의 연결을 통해서도 접근한다. 이 글을 읽고 있는 지금 하던 것을 잠시 멈추고 당신의 직관이 감각을 통해 전달되는 방식에 주목해 보자. 현재 삶에서 직면하고 있는 어려움을 잠시 떠올리면서 복부, 가슴, 목의 미묘한 변화에 주의를 기울이고 느껴본다. 호흡에 작은 변화가 알아차려지는가? 이러한 신호를 무시하지 말고 '내 몸이 내게 무엇을 알려주고 싶어 하는가?'라고 질문하며 몸이 주는 메시지를 이해하려고 노력해 보자. 이 연습을 반복해서 실행한다. 시간이 지남에 따라 몸, 마음, 감정이 어떻게 함께 작용하여 내면의 지혜에 접근하는지 알게 될 것이다.

6

해리 증상 치유

"나는 더 이상 과거를 두려워하지 않습니다"

해리 증상으로 인해 방향 감각을 잃은 것 같거나 자신과 주변 사람들과 단절된 느낌을 받을 수 있다. 해리는 지속되는 트라우마 스트레스에 대처하고 생존하기 위해 학습된 행동이다. 어쩌면 고통을 밀어내기 위해 해리 증상에 계속 의존할 수 있다. 하지만 해리 증상을 해결하지 않고 그대로 두면 심신을 쇠약하게 만들고 만족스럽고 의미 있는 삶을 살지 못한다. 이 장에서는 과거의 고통을 치유하기 위해 먼저 현재의 안전감을 높이고, 그것을 기반으로 과거의 고통을 돌아볼 수 있게 돕고자 한다. 점차 트라우마로 남은 사건의 현실을 부정하거나 밀어낼 필요가 없다는 것을 깨닫게 될 것이다.

레나의 이야기

"그 이야기를 하지 않으면 그 일이 실제로 일어나지 않았던 것처럼 할 수 있어요"

"열두 살이었어요. 그때 처음으로 삼촌한테 성추행을 당했어요. 창밖을 바라보던 기억이 생생해요. 너무 힘들어서 모든 게 다 내 잘못인 것 같았어요. 부모님께는 말하지 못했어요. 그 후로도 성적 학대는 몇 년 동안 계속되었어요. 너무 혼란스러웠어요. 삼촌을 좋아했지만, 그의 행동이 잘못되었다는 것도 알고 있었어요. 그 이야기를 하지 않으면 그 일이 실제로 일어나지 않은 것처럼 할 수 있다고 생각했어요. 50대가 된 지금, 이 이야기를 하지 않았던 것이 수십 년간 내게 상처를 입혔다는 것을 깨달았어요. 이제는 치유할 준비가 되었어요."

레나는 뉴스 기사에서 과거 성폭력 피해 경험을 공개적으로 말하는 사람들의 이야기를 읽고 용기를 얻어 치료를 받기로 결심했다. 그녀 마음의 한 부분은 치유할 준비가 되어 있었지만, 다른 부분은 어린 시절의 현실을 여전히 부정하고 싶어 했다.

치료 과정에서 레나는 자신의 삶에서 해리가 어떤 방식으로 나타나는지 인식하는 법을 배웠다. 그녀는 자신의 감정과 몸으로부터 단절되어 있었고, 가끔은 멍하니 허공을 응시하다가 10여 분이 지났다는 사실을 뒤늦게 깨닫곤 했다. 그녀는 마음챙김을 통해 몸을 알아차리는 연습을 꾸준히 했다. 처음에는 이 과정이 너무 고통스러웠다. 어떤 날에는 차라리 아무것도 느끼지 않는 것이 더 쉬운 것처럼 느껴지기도 했다. 하지만 시간이 지남에 따라 불편감과 함께 머무르는 능력이 점차 커졌고, 자신과 연결된 상태로 머무는 이점도 발견했다. 내면에서 더 강한 힘을 느꼈고 직관과 더 잘 연결되어 있다고 느꼈다.

그녀는 이제 과거에 대해 이야기할 준비가 되었다고 말했다. 가족사를 더 깊이 살펴보면서, 어릴 적 부모가 술을 마시러 나가 집에 거의 있지 않았다는 사실을 기억하게 되었다. 레나는 혼자 힘으로 최선을 다해 대처했고, 해리는 어린아이의 혼란, 두려움, 분노, 수치심, 혐오감 등의 감정을 밀어내는 데 도움이 되었다. 치료 과정에서 레나는 학대와 관련된 감정들을 처리하기 시작했고 결국 이 사건들을 덜 불편하게 느끼게 되었다. 그녀는 "더 이상 과거를 두려워하지 않아요"라고 자신 있게 말하며 내면에 생긴 새로운 힘의 느낌을 이야기했다. 치료를 마친 후 그녀는 어린 시절 성적 학대를 경험한 사람들을 지원하는 기관에서 일하기 시작했다.

해리 증상 이해하기

대다수 사람들은 해리가 아주 심각한 트라우마 사건을 겪은 사람에게만 나타나는 드문 증상이라고 잘못 알고 있다. 또한 해리 증상이라고 하면 다중인격이나 기억상실 등 '잃어버린 시간'을 경험하고 있다고 생각한다. 하지만 해리는 경미한 증상부터 매우 심각한 증상까지 연속선상에 있으며, 많은 해리 증상들이 비교적 흔하게 나타난다.

예를 들어, 해리는 단순히 피곤하거나, 몽롱하거나, 산만한 증상으로 나타나거나 레나의 사례처럼 몸과 분리되어 '머리 속에 갇힌' 것처럼 느낄 수도 있다. 때로는 다시 아이가 된 것 같은 느낌이 들 수도 있는데, 이 경우 자신이 어리거나, 길을 잃었거나, 보잘것없이 아주 작다고 느낀다. 또는 생각이나 행동이 자신의 것이 아닌 것처럼 느껴질 수 있고, 증상의 심각도에 따라 세상을 비현실적으로 느껴지거나, 어떤 장소에 어떻게 가게 되었는지 전혀 기억하지 못한 채 그곳에 가 있기도 한다.

핵심은 해리 증상이 지속적인 스트레스와 해결할 수 없는 위협에서 살아남는 데 도움을 주었다는 것이다. 이렇게 해리 증상을 이해하면 자기연민을 강화하고 수치심을 줄이는 데 도움이 된다. 생리학적 관점에서 해리 증상은 5장에서 논의한 '실신 반응'과 관련이 있는데 부교감 신경계가 활성화될 때 일어난다. 위협적인 상황에서 벗어날 길이 없다고 느낄 때 꼼짝할 수 없는 느낌, 무력감, 절망감이 생겨난다.

또한 실신 반응은 멍하고, 굼뜨고, 졸리게 만드는데, 이는 우리 몸에서 마비 효과가 있는 자연 발생 오피오이드naturally occurring opioids가 분비되기 때문이다. 해리 증상이 있는 사람들은 매스꺼움, 현기증, 혈압 저하, 명확하게 말하는 능력 상실 또는 앞이 잘 안 보이는 등의 시력 문제를 경험할 수 있다. 때로는 심박수와 혈압이 급격하게 떨어지거나, 실제로 기절이나 미주신경성 실신Vasovagal Syncope이라고 하는 심인성(비간질성) 발작으로 이어질 수도 있다. 이러한 신체 증상 외에도 다양한 만성 통증이나 질병에 걸리기 쉽다.

해리와 기억의 관계

해리는 트라우마 경험을 정확하게 기억하지 못하게 한다. 신체적 학대나 성적 학대와 같이 심각한 위협이 있는 상황에서는 뇌가 생존 모드에 들어가기 때문이다. 사실에 대한 장기 기억과 사건의 발생 순서에 대한 기억은 전전두엽 피질prefrontal cortex과 해마hippocampus에 의해 만들어진다. 반면에 편도체amygdala는 감각적이고 감정적인 기억의 세부 사항을 저장하는 뇌 영역이다. 트라우마 사건이 발생하면 아드레날린 분비가 폭발적으로 일어나 편도체로의 혈류가 증가해 냄새, 소리, 신체 감각과 같은 감각 파편에 매우 강한 기억을 형성하게 된다. 동시에 언어, 말하기, 학습, 사실에 대한 장기 기억을 담당하는 뇌 영역으로의 혈류가 감소하고, 이 때문에 트라우마 사건에서 느낌과 같은 특정 감각의 세부 사항은 기억할 수 있지만 사건의 내용이나 시간 순서를 정확하게 기억하기 어렵게 되는 것이다. 그래서 다른 사람들에게 자신의 경험을 일관성 있게 이야기하기 어렵다.

출생 시나 초기 유년기에 트라우마를 경험하면, 이 기억은 몸과 신경계에 강하게 각인된다. 전문가들은 생후 첫 3년 동안의 기억을 '언어 이전preverbal' 기억이라고 부르는데, 이 기억이 언어와 말하기 능력이 발달하기 전에 형성되기 때문이다. 이러한 기억은 일반적으로 운동 패턴과 감각으로 저장된다('신체 기억body memories'이라고도 불린다). 언어 이전의 기억은 아이의 애착 관계, 즉 엄마, 아빠, 또는 다른 양육자와의 관계 경험에 대한 느낌을 담고 있다. 만약 초기 유년기에 트라우마를 경험했다면 정확한 이유를 알지 못한 채 강렬한 감정이나 신체 감각 또는 해리 증상을 경험할 수 있다.

방어 기제로서의 해리

어린 시절의 트라우마 사건은 이미 오래 전에 끝났지만 해리 증상은 성인이 되어서도 지속된다. 심리적으로 해리는 과거 트라우마와의 연결을 끊는 방어 기제다. 해리는 종종 과로, 감정적 폭식, 물질·약물 남용과 같은 다른 회피 방어 수단과 함께 나타난다(2장 참조). 또는 일상을 살아가는 당신 내면의 부분과 과거의 고통을 지니고 있는 다른 부분 사이의 분리된 느낌으로 나타날 수 있다. 예를 들어, 직장에 있을 때나 자녀를 양육할 때 또는 식료품을 사러 가게에 갈 때는 '괜찮다'고 느낄 수 있지만, 집에 돌아와 혼자 있을 때는 내면의 어린 자아가 크게 느껴진다. 그런 순간에는 트라우마 사건이 이미 수년 전에 끝났음에도, 여전히 일어나고 있는 듯한 느낌을 받는다. 심한 경우 내면의 여러 자아들이나 대체 인격들alternate identities 사이에 더 복잡한 해리성 분열dissociative division이 일어나며, 이 경우 어떻게 그 장소에 도착했는지 또는 그곳에서 무엇을 했는지 기억나지 않을 수도 있다.

해리 증상은 과거 트라우마 사건의 광범위한 정서적 영향을 인정하거나 온전히 현실로 자각하는 것이 어렵기 때문에 발생한다. 1장에서 논의한 바와 같이 트라우마 전문가들은 복합 PTSD를 치유할 때 단계적으로 접근할 것을 권장한다. 첫 번째 단계는 안전과 안정을 확립하는 것이다. 이 단계에는 해리 증상에 대한 알아차림을 키운다. 두 번째 단계는 트라우마 기억과 직면하여 해결해 나가는 것이다. 하지만 아직 트라우마 해결과 통합으로 나아갈 충분한 준비가 되어 있지 않다고 느낀다면 필요한 만큼 안전과 안정을 확립하는 데 집중한다.

과거 트라우마 기억을 자세하게 기억하지 못해도 치유가

가능하다. 이런 경우 경험의 세부 사항보다는 감각과 감정에 집중하도록 안내하는 소매틱 심리학이 도움이 된다. 사실 치료의 목표는 트라우마 사건을 정확하게 기억하거나 인지하는 것이 아니라 과거 트라우마 사건이 이제 끝났음을 인식하고 미래의 목표와 희망에 집중하는 것이기 때문이다.

치유의 시작

이 책에서 제시하는 모든 치유 전략은 복합 PTSD의 해리 증상을 치유하는 다양한 방법이다. 예를 들어, '지금 여기'에 대한 마음챙김(1장), 평화로운 장소 시각화(2장), 회복을 돕는 호흡(3장), 감정의 포용(4장), 고통 내성 증진(5장) 모두 치유의 첫 번째 단계인 안전과 안정의 확립을 위한 기술이다. 필요할 때마다 이러한 치유 전략을 꾸준히 연습하기를 권한다.

다음 두 가지 전략은 치유의 두 번째 단계인 트라우마와 해리 증상 치유에 초점을 맞춘다. 첫 번째 치유 전략은 해리 증상에 대한 자기알아차림을 높이는 것이다. 두 번째 치유 전략은 트라우마 기억을 자신에게 적합한 속도로 안전하게 처리해 나가는 것이다. 매트와 줄리의 이야기를 읽어 보면서 어떤 느낌이 들었는지, 또 그들이 선택한 전략이 치유에 어떻게 도움이 되었는지 살펴보자. 책이 숙련된 트라우마 전문 치료자를 대체할 수 없다는 점을 기억하자. 치료자는 해리에 대한 깊은 이해와 공감을 하고 있으며 해리 증상 치료에도 능숙하다. 필요할 때 적절한 도움을 구하는 것은 정신적 건강의 신호다.

매트의 이야기

"영화관을 뛰쳐나가 주차장으로 갔다고 하더라고요.
난 아무것도 기억나질 않았어요"

"금요일 밤에 친구들과 영화를 보러 갔어요. 즐거운 시간을 보낼 수 있을 거라 생각했는데 영화가 너무 충격적이었어요. 영화 속에서 한 남자가 자살하는 장면이 나오자, 내가 갑자기 극장을 뛰쳐나가 주차장으로 갔다고 해요. 난 아무것도 기억나질 않았어요. 친구들이 말해줘서 알게 됐죠. 도무지 무슨 일이 일어난 건지 이해가 안 돼요."

매트는 20대 초반의 청년으로 이전에 심리치료 경험은 없었다. 영화관에서의 행동에 놀란 그는 이 일을 어머니에게 털어놓았고, 어머니의 권유로 전문가의 도움을 받기로 결정했다. 치료 과정에서 매트의 성장기를 탐색하던 중, 아버지가 우울증 환자였으며 매트가 세 살 때 집에서 스스로 목숨을 끊었다는 사실을 알게 되었다. 매트는 아버지의 죽음을 기억하지 못하지만, 사건 당시 아버지와 함께 집에 있었다. 매트는 어린 나이에 아버지를 잃었을 뿐만 아니라, 어머니 역시 깊은 슬픔에 잠겨 몇 년 동안 남편의 죽음에서 헤어나지 못했다.

매트의 어린 시절 이야기를 듣고 영화에 대한 그의 반응에 다시 집중했다. 나는 매트에게 아버지가 돌아가실 때 어린아이가 어떻게 느꼈을지 상상해 보라고 했다. 처음에는 아무런 느낌이 들지 않는다고 말했지만, 몸에 대한 마음챙김을 하자 자신이 숨을 참고 있다는 것을 알아차렸다. 그리고 그는 무감각해지는 것과 숨을 참는 행동이 모두 느낌을 차단하기 위한 방법이라는 것을 깨달았다. 그 후로 몇 주 동안 그에게 느낌을 차단하는 다른 방법들도 있었음을 알게 되었다. 점차 그는 어린아이로서 자신이 얼마나 두렵고 외로웠을지 상상할 수 있게 되었다. 결국 매트는 아버지의 죽음에 대해 이야기하면서도 자신의 몸과 감정에 계속 연결될 수 있었고 자기 내면의 중요한 일부분을 통합할 수 있었다.

✧

치유 전략

해리 증상을 알아차리기

트라우마 치유 과정에서 해리 증상을 알아차리는 것은 매우 중요하다. 증상은 상대적으로 가벼운 것부터 매우 심각한 것까지 연속선상에 있다. 어떠한 판단도 하지 말고 다음 목록을 살펴보면서 자신에게 해당하는 증상이 있는지 곰곰이 생각해 본다. 이러한 증상을 경험했던 적이 있는지 적어볼 수도 있다. 가장 중요한 것은 해리의 초기 징후를 알아차리는 것이다. 그러면 증상이 악화되기 전에 스스로를 더 잘 돌볼 수 있다. 증상을 조기에 알아차리면, 이 책에 소개된 다른 전략들을 활용해 현실에 발을 딛고 안전하다고 느낄 수 있다. 치료를 받고 있다면 치료자와 함께 해리 증상에 대해 이야기하는 것도 좋다. 이는 두 사람이 한 팀이 되어 치료와 회복이라는 목표를 달성하는 데 도움이 된다.

- 종종 허공을 응시하거나 공상에 잠긴다.
- 주의 집중에 어려움이 있다.
- 이유 없이 갑자기 피곤해진다.
- 함께 있는 사람이나 상황에 따라 다른 사람처럼 행동한다.
- 가끔은 내가 진짜 누구인지 혼란스러울 때가 있다.
- 가끔은 어린아이처럼 느끼고 행동하고 말할 때가 있다.
- 다섯 살 이후의 어린 시절을 기억하기 힘들다.
- 안개에 싸여 세상을 바라보는 듯한 느낌이 든다.
- 내 몸과 감정이 무감각해지거나 단절된 느낌이 든다.
- 메스꺼움이나 어지럼증이 밀려온다.
- 때로는 세상이 이상하거나 비현실적으로 느껴진다.

- 때로는 몸이 마비된 것처럼 움직이기 어려울 때가 있다.
- 어떻게 가게 되었는지 모르는 장소에 가 있기도 한다.
- 내가 구입한 물건을 발견하지만 구입한 기억이 나지 않는다.
- 의학적 원인이 없는 발작이나 통증을 경험한다.

줄리의 이야기

"불현듯 피곤함이 몰려와 방이 빙글빙글 돌기 시작해요"

"나한테 무슨 문제가 있는지 잘 모르겠어요. 만족스러운 삶을 살고 있거든요. 내가 하는 일을 좋아하고 퇴근하고 돌아와 반려견과 시간 보내는 걸 즐겨요. 내가 가진 것에 감사해하는 삶을 살고 있어요. 하지만 불현듯 피곤함이 몰려와 방이 빙글빙글 돌기 시작해요. 의사는 현기증의 의학적 원인을 찾을 수 없다며 심리치료를 제안했지만, 난 이 모든 게 도무지 이해가 안 가요."

줄리는 원인을 알 수 없는 신체 증상으로 혼란스럽고 불안해했다. 치료 초기에는 치료가 어떤 변화를 가져올지 확신하지 못했다. 하지만 정신적·신체적 건강에 대한 단서를 찾기 위해 어린 시절을 탐색하자 얼마 지나지 않아 건강이 호전되고 있음을 느꼈다.

그녀는 자신의 어린 시절을 이상적으로 묘사했다. 4남매 중 첫째였고 부모는 지역 사회에서 평판이 좋았다. 가족은 항상 옷을 단정하게 차려입고 매주 일요일마다 교회에 참석했으며, 주위 사람들에게 예의 바르고 화목한 모습을 보였다. 그러나 줄리에게는 결코 누구에게도 말하지 않았던 비밀이 있었다. 그것은 바로 집안에서 겪는 스트레스였다. 아버지는 매우 엄격했고, 어머니는 늘 깔끔하고 질서 정연하게 집 안을 유지해야 한다는 강박에 시달렸다. 장녀였던 줄리는 종종 엄마를 대신해 동생들을 돌보는 책임을 맡아야만 했다. 어린 나이에 친구들과 마음껏 뛰어놀거나, 집을 어지럽히거나, 슬픔을 느끼거나, 화를 낼 기회도 없이 너무 빨리 어른이 되어야 했다. 늘 완벽해야 한다는 의무감에 짓눌려 있었다.

줄리는 상담 회기 중에도 어지럽거나 몽롱하거나 피곤해했다. 우리는 이러한 반응에 세심한 주의를 기울였다. 그녀는 증상이 슬픔, 상처, 연결에 대한 깊은 갈망과 함께 나타난다는 것을 알아차렸다. 어린 시절을 되돌아보면서 부모의 사랑과 관심을 간절히 원했지만 억누를 수밖에 없었던 순간들이 떠올랐다. 문제를 일으키고 싶지 않았던 그녀는 그동안 자신의 감정을 숨기고 억압하며 살아왔다. 줄리의 정서적 욕구는 오랫동안 억압되어 몸속에 갇혀 있었고, 그 결과 신체 증상으로 나타났다. 이제 그녀는 자신의 진정한 감정과 욕구를 인정하고 표현할 수 있는 자유를 얻었다.

✧

치유 전략

이중 자각 개발하기

이중 자각Double awareness 전략은 트라우마 기억을 안전하게 다루기 위한 효과적인 방법으로, EMDR 치료와 소매틱 심리학 모두에서 사용된다. 이 전략은 힘든 기억을 떠올리는 동시에 현재 자신이 안전하다는 신호에 주의를 기울인다. 해리 경향이 있는 경우 트라우마 기억을 떠올릴 때 압도적인 감정을 줄여주는 중요한 역할을 한다.

이중 자각은 현재의 순간과 과거의 힘든 순간을 번갈아 알아차리는 방법이다. 가장 고통스러운 어린 시절의 상처 기억을 다루기 위해서는 먼저 나를 지지하는 치료자를 찾아 도움을 받는 것이 좋다. 하지만 비교적 최근에 일어난, 상대적으로 스트레스가 적은 사건은 혼자 해볼 수 있다. 처음에는 한 번에 5분 정도 연습하면서 천천히 시작한다. 시계를 확인할 필요가 없도록 타이머를 설정해 집중력을 유지한다.

이 연습을 시작하기 위해서는 먼저 안전하고 편안한 장소를 찾는다. 잠시 동안 주변 공간을 둘러보면서 마음을 편안하고 차분하게 하는 모든 단서를 찾아본다. 이제 최근에 스트레스를 받았던 때를 떠올린다. 그때 느껴지는 몸의 감각과 감정에 주목한다. 호흡이 어떻게 변하는지, 자세는 어떻게 변하는지, 어떤 감정이 떠오르는지 관찰한다. 잠시 후, 스트레스 상황을 한쪽으로 잠시 놓아두고 주변 환경으로 다시 주의를 가져온다. 심호흡을 하면서 남아 있는 괴로움을 놓아보고, 마음이 편안해지고 차분해질 때까지 지금 여기의 안전함에 주의를 집중한다. 이제 마음챙김을 유지하면서 스트레스 상황과 안전감을 주는 현재의 단서 사이에 번갈아가며 주의를 기울인다.

연습을 마무리하며 몸 상태를 확인한다. 스트레스 상황을 떠올리면서도 편안함과 차분함으로 돌아올 수 있는 능력에 어떤 변화가 있는지 살펴본다. 처음 이 전략을 시도할 때는 변화가 바로 일어나지 않을 수도 있다. 낙담하지 말고 꾸준히 연습하면서 이중 자각 탐색 시간을 늘려간다. 익숙해질수록 스트레스를 받는 순간 안전감을 느끼는 상태로 다시 돌아오는 것이 더 쉬워졌다는 것을 알게 될 것이다.

사소한 스트레스 요인이라도 해리 증상을 유발하거나 감정의 홍수로 이어질 수 있다. 연습 중에 정서적으로 압도되는 느낌이 있다면 그 느낌과 증상을 존중하고 연습을 중단한다. 그리고 1장의 치유 전략 '선택권 되찾기(47쪽을 참조)'로 돌아가 안정감과 안전감을 다시 찾는다.

✦

자가 진단

나의 상태는 어떤가요?

이 장에서는 복합 PTSD의 해리 증상을 이해하는 데 중점을 두었다. 지금 잠시 시간을 내어 생각해 본다. 당신은 이 이야기들에 공감할 수 있는가? 이 장에서 괴로움을 느끼게 하는 내용이 있었는가? 그렇다면 언제든지 이 책에 나오는 치유 전략들을 활용할 수 있다. 또는 트라우마에 정통하고 나를 지지하는 치료자에게 도움을 구할 수도 있다. 마지막으로 다음 치유 전략은 부교감 신경계와 미주신경을 이용하여 신체적·정신적 균형을 되찾고 차분함으로 돌아오는 방법이다.

✦

치유 전략

신경계에 자양분을 공급하라

우리는 사회적 신경계Social Nervous System를 통해 미주신경의 치유력에 접근할 수 있다. 사회적 신경계는 가장 최근에 진화한 미주신경 회로로 안전감과 연결감을 느끼게 한다. 이 치유 전략은 고통을 느끼기 시작할 때 차분함을 유지할 수 있도록 부교감 신경계를 관리하는 것이다. 이 연습은 안전하다고 느끼는 시간과 장소에서 하는 것이 중요하다. 각 단계를 천천히 진행하고 어떤 느낌이 드는지 관찰한다.

- 편안한 음악을 듣고 흥얼거린다. 이것은 미주신경을 자극한다.
- 한 손은 가슴 위에, 다른 한 손은 배 위에 얹고 여러 번 심호흡한다.
- 두 손으로 얼굴과 머리를 다정하게 만진다. 손으로 뺨을 부드럽게 만지거나, 손을 머리 위로 가져가 마치 소중한 친구나 아이를 사랑스럽게 만지는 것처럼 상상하며 쓰다

듣는다.

- 긍정적인 느낌을 주는 에센셜 오일로 후각을 자극한다.
- 연결되어 있고 사랑받고 있다고 느꼈던 순간의 기억을 떠올린다. 기억 속의 긍정적인 느낌에 몸을 맡겨 긴장을 이완한다.
- 반려동물, 봉제인형, 부드러운 담요를 안고 감촉을 느껴 본다.
- 다정하고 친절한 친구에게 전화를 걸어 연결된 경험을 즐긴다.

7

대인관계 문제 치유

"나는 나 자신과 다른 사람들을 믿는 법을 배우고 있습니다"

이 장에서는 복합 PTSD를 가진 사람들이 흔히 겪는 대인관계 문제를 살핀다. 어린 시절의 트라우마는 사랑하는 사람을 비난하거나 불필요하게 관계를 끊는 등 비효과적인 관계 패턴을 낳는다. 또한 타인과 친밀감을 느끼는 데 어려움을 겪거나 반대로 혼자가 되는 것이 두려울 수 있다. 아동기의 학대 또는 방임 경험은 자기 주장을 하거나 건강한 경계를 유지하는 것을 방해한다. 이 장에서는 상처나 거절과 연결된 감정을 온정과 연민으로 바라보게 하는 전략들을 배운다. 또한 대인관계의 갈등을 보다 효과적으로 다루는 방법에 대해서도 알아본다. 결과적으로 당신은 타인과 의미 있는 연결을 맺고, 만족스러운 관계를 만들어나갈 수 있을 것이다.

제니퍼의 이야기

"거절을 견딜 수가 없어요"

"결정을 잘 못 내려요. 다른 사람들이 원하는 것에 너무 집중하다 보니 나 자신을 잃어버리거든요. 내가 원하는 게 무엇인지 알고 있어도 남자친구에게 말하기가 무서워요. 거절을 견딜 수가 없을 것 같아서요. 그럴 때면 그에게서 멀어지려 하고, 그래서 남자친구는 내가 왜 그의 전화를 받지 않는지 혼란스러워하는 것 같아요."

제니퍼는 치료 중에 대인관계에서 길을 잃은 것 같다며 불만족스러운 감정을 느끼고 있다고 토로했다. 우리는 이러한 감정이 그녀의 어린 시절과 어떻게 관련되어 있는지 함께 탐색했다. 그녀는 어렸을 때 어머니에게 도움을 요청했던 기억을 이야기해주었다. 그때 어머니가 자신을 바라보던 모습과 웃음을 기억해냈다. 이 한 가지 기억은 어린 시절 그녀가 욕구를 갖는 것에 수치심을 느꼈던 수많은 시간을 대표하는 장면이다. 점차 그녀는 어머니의 얼굴 표정과 몸짓을 매우 자세히 관찰하게 되었다. 제니퍼는 어머니를 실망시키지 않기 위해 '착한' 소녀가 되는 법을 배웠다.

치료를 진행하면서 성인으로서의 자기감을 강화하자, 관계에서 안정감과 자신감을 느끼게 되었고 어린아이였을 때 겪은 아픔에 더 큰 연민을 느끼기 시작했다. 그녀는 왜 자신을 잃어버렸는지, 왜 남자친구에게 요구하는 게 어려웠는지를 이해하게 되었다. 이제 그녀는 거절을 당할 수 있는 상황에서도 자신의 요구를 분명히 말할 수 있었다. 또한 두려움을 느낄 때 남자친구에게 따뜻하고 애정 어린 말과 행동을 요청하고 주장할 수 있다는 걸 깨달았다. 안전감은 이내 친구, 직장 동료와의 관계로까지 확장되었고, 그녀는 만면에 미소를 머금고 "나 자신과 타인을 신뢰하는 법을 배우고 있어요"라며 자신의 성장을 만족스러워했다.

대인관계 문제 이해하기

복합 PTSD를 가진 사람들은 건강하고 지속적인 관계를 발전시키는 것을 어려워하는 경우가 많다. 삶에서 안전하고 보살펴주는 사람과의 경험이 실제로 거의 없거나 전혀 없을 수 있기 때문이다. 심지어 트라우마 증상 때문에 안전하고 믿을 만한 사람이 보살펴줄지라도 그렇게 느끼지 못할 수 있다. 제니퍼의 경우처럼 어린 시절 트라우마와 애착의 상처는 다른 사람들과 의미 있고 만족스러운 관계를 형성하는 능력에 영향을 미친다.

대인관계 문제는 여러 가지 형태로 나타난다. 예를 들어, 예측할 수 없거나 학대하는 부모를 둔 아이는 처벌과 거부 또는 버림받는 것을 피하기 위해 부모의 요구를 만족시켜주는 방식으로 대처한다. 또는 지나치게 자립적으로 행동함으로써 관계를 피하는 법을 배운다. 어느 쪽이든, 학대나 방임의 원인이 자신에게 있다고 잘못 생각한다. 이는 낮은 자기가치감을 형성하고 자신은 사랑받을 수 없거나 짐이 되는 존재라는 믿음으로 이어진다. 심지어 마음속 깊은 곳에서 자신이 형편없는 대우를 받을 만하다고 믿는다.

어린 시절 트라우마 경험은 다른 사람의 의도와 감정을 잘못 인식하게 한다. 예를 들어, 배우자가 실제로는 직장에서의 일로 기분이 상해 있는데 당신에게 화가 난 것이라고 오해하거나 또는 배우자가 신뢰와 배려를 일관되게 보여주었음에도 불구하고 과거에 배신당한 경험 때문에 배우자가 외도할까 봐 걱정한다. 때로는 현재 상황과 과거의 고통을 분리하지 못할 수도 있다. 이 때문에 당신 자신과 당신이 사랑하는 사람들에게 혼란을 주는 방어적인 반응을 보인다.

친밀한 관계에서 더 어렵다

어린 시절 트라우마는 연인이나 배우자와의 정서적·성적 친밀감을 잘 형성하지 못하게 한다. 연인의 애정 어린 스킨십이 불편하게 느껴지거나 사랑하는 사람이 다가오고 싶어 할 때 오히려 도망치고 싶은 충동을 느낄 수 있다. 학대당했던 어린 시절 기억이 떠오르기 때문이다.

잠시 떨어져 있는 기간이 생기면, 가령 출장과 같은 정상적이고 건강한 이유라 하더라도 버림받을까 두려워하거나 비이성적인 질투심을 느낀다. 다른 사람을 실망시키지 않기 위해 자신의 경계를 넘거나 관계를 위해 자신의 욕구를 희생하는 공동의존 패턴을 발전시킬 수도 있다. 어떤 경우에는 파트너에게 상처를 주는 방식으로 분노를 표출한다. 반대로 파트너가 자신을 학대하거나, 무시하거나, 거부하는데도 불구하고 이러한 '위험 신호'를 간과하는 등 친밀한 관계에서 해로운 관계 패턴을 형성한다.

자녀 양육이 어려워지기도 한다

대인관계의 어려움은 자녀를 양육할 때도 나타날 수 있다. 예를 들어, 어렸을 때 부모로부터 사랑받지 못하거나 이해받지 못했다면, 자녀가 적절한 양육과 보살핌을 받는 것에 대해 비합리적인 질투심을 느낄 수 있다. 또는 어렸을 때 자신을 주장하고 자신의 욕구를 표현할 수 없었다면, 자녀가 "아니요"라고 말할 때 분노가 솟구치기도 한다. 아이가 감정 조절을 잘하지 못할 때, 특히 공격적인 행동을 보이면 부모도 감정이 격앙될 수 있다. 하지만 만일 아이에게 소리를 지르거나 때리고 싶을 정도로 흥분된다면, 몸과 마음이 안정되고 조절되는 느낌이 들 때까지 그 자리를 잠시 떠나는 것이 좋다. 이러한 감정이 자주 든다면 전문가의 도움을 받는다.

친구, 동료 관계의 어려움

어린 시절 방임과 학대로 받은 상처는 친구 및 동료와 만족스러운 관계를 형성하는 데도 어려움을 초래한다. 자신의 경계를 세우는 것이 어렵거나, 친목 활동이나 모임을 거부해 스스로를 고립시킨다. 상사와 대화할 때 의견을 내는 것을 주저하거나 많은 사람들 앞에서 발표해야 하는 상황에서 불안에 시달린다. 이러한 사회적 불안은 종종 심한 자기비난에 의해 촉발되는데, 이는 실제로는 사람들이 판단하지 않을 때에도 판단하고 있다고 믿게 만든다. 다른 사람들이 나를 거부할 거라고 너무 확신한 나머지 의도치 않게 사람들을 밀어낼 수도 있다. 그래서 사람들이 자신을 떠나면 이것을 버림받은 증거로 사용하여 나는 사랑받을 수 없는 존재라고 스스로에게 증명한다.

대인관계 트라우마를 많이 경험한 사람은 타인과의 연결을 심각한 위협으로 느낄 수 있다. 더 나아가 진실된 사람의 친절도 더 이상 믿을 수 없다고 생각한다. 과거에 사람들로부터 깊은 상처를 받은 적이 있다면, 신뢰할 수 있고 친절한 사람들이 있다는 것을 배우는 데 시간이 걸린다. 사실 버림받았던 때나 다른 사람에게 침해를 당했던 아픈 기억을 마주하는 것은 쉬운 일이 아니다. 혹시 모를 거절의 고통을 다시 감수해야 하기 때문이다. 그것에는 항상 큰 용기가 필요하다. 그러나 사랑받을 권리는 모든 사람에게 타고난 기본적인 권리며, 원한다면 배우자, 자녀, 친구 및 공동체와 건강하고 애정 어린 관계를 만들 수 있어야 한다. 분명한 것은 어린 시절 안정적인 애착을 경험하지 못했더라도 성인으로서 안정적인 애착을 배우고 느낄 수 있다는 점이다.

치유의 시작

이제 퍼트리샤와 존의 이야기를 통해 대인관계 문제가 그들의 삶에 어떤 영향을 미쳤는지 살펴볼 것이다. 그리고 그들이 더 건강한 관계 패턴을 만들 수 있도록 도움을 준 치유 전략을 배운다. 이 치유법은 내면의 파트 작업 치료에서 가져온 것으로, 성인 자아와의 연결을 강화하여 어린 자아의 취약한 감정들을 온정적인 마음으로 바라볼 수 있게 한다.

기억하자. 이 연습은 천천히 시도해야 하며, 배려하고 존중하는 관계 내에서 하는 것이 좋다. 연습을 하면서 언제라도 고통스럽다고 느껴지면 건너뛰고 책의 다른 치유 전략으로 넘어간다. 자신에게 차분함과 안정감을 주는 치유 전략을 찾아보자.

퍼트리샤의 이야기

"그 느낌은 어릴 적 기분을 상기시켜요"

"두 아이와 혼자 집에 있을 때면 종종 공황 증상이 나타나기 시작해요. 제가 그 안에 갇혀버릴까 봐 두렵고 공포스러워요. 그 느낌은 어린 시절 어머니가 이성을 잃고 나와 여동생에게 화를 냈던 때의 느낌을 상기시키거든요. 어머니는 정신없이 화가 나 있었고, 우린 도망칠 수 없었어요."

퍼트리샤 사례는 자녀를 양육하는 동안 어린 시절 트라우마가 촉발되는 경험이 얼마나 흔한지 보여준다. 그 순간 자신이 어린 시절의 아이처럼 느껴져 불안정해지며 과거 기억과 연결된 두려움을 느낀다. 그녀는 다음의 치유 전략을 사용해 성인 자아에 대한 알아차림을 강화하고 대처 자원에 접근했다. 퍼트리샤는 두려움을 더 잘 다룰 수 있게 되면서 점차 안정감을 느끼게 되었고, 혼자 두 자녀와 함께 있는 상황에서도 트라우마가 촉발되는 빈도가 줄어들었다.

✧

치유 전략

성인 자아를 닻처럼 내려라

어린 시절 해결되지 않은 트라우마 사건은 '내면 아이inner child'라고 불리는 어린 자아young part의 기억 속에 남는다. 때때로 당신은 작고 불안정한 어린 자아와 동일시되는 느낌을 받을 수 있다. 여기에서 소개할 치유 전략은 어린 자아가 활성화될 때 성인 자아와 연결하는 방법이다. 당신은 이제 성인으로서 예전의 어린아이가 가질 수 없었던 다양한 선택권을 가지고 있다. 성인 자아를 닻처럼 내리면 과거의 사건이 이제 끝났다는 것을 인식할 수 있다. 이 치유 전략은 플래시백을 경험할 때 특히 유용하다. 아래에 성인 자아를 강화하는 방법들이 제시되어 있다. 꼭 순서대로 연습할 필요는 없다. 자신에게 가장 적합한 방법을 발견해 나가면 된다.

- 자신의 손을 보고 성인의 손임을 확인한다.
- 일어나서 손을 뻗어 자신의 키가 얼마나 큰지 느껴본다. 자신의 키가 성인의 키임을 인식한다.
- 시계와 달력을 보며 현재 시간과 날짜를 확인하고 지금 여기에 있는 자신에게 집중한다.

- 어릴 땐 할 수 없었지만 지금은 할 수 있는 일 2~3가지를 생각해 본다(예: 자동차 운전, 출근).
- '나는 이제 어른이고 안전하다. 나는 내 선택과 행동에 책임을 진다'라고 스스로에게 말한다.

존의 이야기

"자신감을 느껴본 적이 없어요"

"사람들이 얼마나 쉽게 밖에 나가 친구를 사귀는지 신기해요. 나한테는 너무 어렵게 느껴지거든요. 어렸을 때 학교에서 괴롭힘을 당했던 기억이 나요. 졸업하고 사회활동을 하면서 자신감을 느껴본 적이 없어요. 어느 순간부터는 아예 노력하지 않게 되었어요. 난 단지 내게 뭔가 문제가 있다는 것을 알 뿐이에요."

존의 이야기는 아동기 트라우마가 다양한 사회적 상황의 의미 있는 관계를 유지하는 능력에 큰 타격을 줄 수 있다는 것을 보여준다. 존은 학교에서 괴롭힘을 당했고, 부모로부터 그 경험을 극복하는 데 필요한 도움을 받지 못했다. 어머니는 자주 불안에 시달렸고, 아버지는 일에만 매몰되어 집에 있는 시간이 거의 없었다. 존에게는 충분한 정서적 지지를 제공해줄 부모가 부재했다. 학교에서 열심히 공부하며 친구 관계를 맺고자 노력했지만, 그의 노력은 쉽사리 결실로 이어지지 않았다. 대학생이 된 그는 다른 사람들이 쉽게 친구를 사귀는 모습을 보며 자신도 조금 더 자신감을 갖고 싶어 했다. 하지만 안타깝게도 그는 점점 더 고립되어 갔다.

치료를 통해 존은 어린 시절의 트라우마와 방임이 자신의 삶에 미친 영향을 더 깊이 이해하게 되었다. 처음으로 그는 분노와 상처의 감정을 느꼈다. 우리는 어렸을 때 그를 지지해주고, 보호해주며 사랑이 많은 부모를 가졌다면 어땠을지 탐색했다. 어릴 적 존이 자신의 어려움에 대해 엄마에게 털어놓았을 때 엄마가 눈물을 흘리며 무너지지 않았다면 어땠을지에 대해 이야기를 나눴다. 그리고 자신에게 관심을 기울이고, 자신을 믿어주고, 학교 아이들의 괴롭힘에 맞서 스스로를 지키는 법을 가르쳐주는 아버지를 상상해 보았다. 이러한 것들을 상상하면서 만약 그러했다면 자신의 삶이 어떻게 달라졌을지 탐색했다. 시간이 지남에 따라 그는 교우 관계를 맺고 학교 행사에 참여할 수 있는 힘과 용기를 점점 더 얻게 되었다. 다른 사람들과 대화를 시작하는 것을 점차 편안하게 느꼈고, 긍정적인 반응과 함께 다른 행사에도 초대받았다. 존은 자신의 사회적 정체성을 재건하고 있었다.

✧

치유 전략

회복의 경험을 상상하라

복합 PTSD를 치유하기 위해서는 어린 시절 느꼈던 고통을 인정하는 것이 중요하다. 다음 치유 전략은 새로운 치유적 회복 경험reparative experiences을 상상하여 어린 시절의 당신을 돌보고 보살피는 관계를 스스로 맺을 수 있게 한다. 예를 들어, 어린 시절 혼자 방치되거나 방임되었다면, 당신의 어린 자아와 함께 있어줄 누군가를 상상한다. 만일 두려움이나 위협을 느꼈다면 보호받는 경험을 상상으로 불러올 수 있다. 학대나 폭력을 당했다면 위험한 환경을 떠나거나 구조되는 상상을 하거나, 굴욕감과 수치심을 느꼈다면 전적으로 수용되는 경험을 상상해볼 수 있다. 그러나 이 전략을 시도하면서 현재 뭔가 촉발되는 느낌이 있다면 이전의 치유 전략인 '성인 자아를 닻처럼 내려라'(159쪽 참조)를 사용하여 성인으로서의 자기감을 다시 강화한다.

지속적으로 고통스러운 감정을 불러일으키는 어린 시절의 특정 사건이 있다면, 그 사건으로 연습을 해보자. 잠시 동안 사건을 이미지로 떠올려보고 당시 어떤 느낌이 들었는지 불러온다. 만약 당시의 사진이 있다면, 사진을 활용해 질문을 던질 수 있다. 사진 속 당신은 어떤 표정을 짓고 있는가? 어떤 감정을 느끼고 있는지 알아차릴 수 있는가? 또 다른 무엇을 알아차릴 수 있는가? 이제 그 경험에서 무엇이 빠져 있는지 잠시 생각한다. 당시 어린 당신에게 가장 필요했던 것은 무엇이었나? 또 가장 듣고 싶었던 말은 무엇이었나? 예를 들어, 보살핌을 받고 싶거나, 보호가 필요했거나, 위험에서 구출되기를 바랐거나, 온전히 받아들여지기를 바랐는가? 아니면 다른 것이 필요했는가?

이제 어린 시절 당신이 필요했던 것을 충족하는 상상을 해보자. 현재 성인이 된 당신이 어린 시절의 당신을 만나는 모습을 상상하거나, 당신과 함께 있어 주었으면 하는 다른 사람을 상상할 수도 있다. 그런 다음 어린 시절의 자신에게 치유의 말이나 행동을 해주는 것을 상상한다. 지금 무엇이 알아차려지는가? 어떤 감정이 느껴지는가? 몸에서는 무엇이 느껴지는가?

10분 정도 치유의 순간을 느끼며 탐색한다. 어린 시절의 당신이 위로를 받았다고 느낄 때까지 이 과정을 원하는 만큼 반복할 수 있다. 만약 과거의 고통스러운 기억을 연민이나 사랑의 마음으로 바라보는 것이 어렵다면, 온정적인 마음을 가진 치료자와 함께 작업을 하는 것이 도움이 될 수 있다. 만약 안도감이 느껴졌다면 다른 트라우마 기억에도 이 치유 전략을 반복해서 연습한다.

✦

자가 진단

나의 상태는 어떤가요?

이 장에서는 과거의 대인관계 상처를 치유하고 현재의 대인관계를 건강하게 발전시키는 내용을 다루었다. 복합 PTSD와 아동기 트라우마의 핵심은 관계 문제라는 것을 기억하자. 특히 사랑하는 사람과 갈등이 있을 때 스스로에게 관대하게 대하는 것이 중요하다. 대인관계 문제는 인생에 걸쳐 계속해서 나타날 수 있다. 하지만 이러한 관계 문제가 발생했을 때 스스로에게 친절하게 대화하고 극복해가는 연습을 하면, 어려움은 점차 줄어들 것이다. 이 장의 마지막 치유 전략은 현재 삶에서 건강한 관계를 발전시키는 데 필요한 기술이다.

✦

치유 전략

건강한 대인관계 기술 연습

대인관계에서 뭔가 불편한 감정이 자극되었을 때 사랑하는 사람을 맹렬히 비난하거나 그 관계를 끊고 싶은 충동을 느끼는 것은 일반적이다. 그러나 그런 방식은 어려운 순간을 헤쳐 나가는 데 도움이 되지 않는다. 다음은 친구, 동료, 배우자와의 갈등을 해결할 때 도움이 되는 몇 가지 방법이다. 이 기술을 특정 순서대로 사용할 필요는 없다. 연습해 보면서 자신에게 가장 적합한 방법을 찾아보자.

- 관계에서 감정이 자극되는 느낌이 들면, 밖으로 나가 10부터 0까지 숫자를 거꾸로 센다. 세면서 소리치거나, 비난하거나, 깎아내리거나, 때리고 싶은 충동이 지나가게 둔다.
- 자신의 경험을 관찰하고, 자신의 감정을 상대에게 말한다. 예를 들어, "나는 지금 화가 나", "나는 지금 너무 슬퍼." 감정을 인정하고 상대에게 있는 그대로 말할 때 자신의 경험에 어떤 변화가 생기는지 관찰한다.

- 다른 사람에게 질문을 해서 그들의 생각, 느낌, 욕구에 대한 관심을 표현한다.
- 척추를 곧게 세우고, 가슴을 펴지도록 자세를 조정한다. 상대방과 눈 맞춤을 유지한 상태로 자신감 있게 자신을 표현한다.
- 관계에서 자신이 원하는 것과 원하지 않는 것을 단호하게 전달하고, 어떤 느낌이 드는지 탐색한다.
- 다른 사람들이 나를 거절할 수 있고, 거절당해도 괜찮다는 것을 인식한다.
- 다른 사람들에 대해 판단하고, 비난하고, 비판하는 말을 하지 않는다.
- 옳지 않다고 생각되는 것을 부탁받을 때는 거절 의사를 표현함으로써 단호하게 경계를 설정한다.
- 어려운 대화는 언제든지 쉬어갈 수 있다. 그렇지만 마음이 차분해지면 다시 대화에 응하기로 합의한다.
- 사랑하는 사람에게 상처 주는 말이나 행동을 했을 때 솔직하게 인정하고 관계를 회복하려는 노력을 먼저 보여준다.
- 자신과 다른 사람 모두에게 실수해도 괜찮다고 말한다. 나는 완벽할 필요가 없으며, 다른 사람들도 마찬가지다.

8

자기인식 문제 치유

“나는 내 잘못이 아니었다는 것을 깨달았습니다”

이번 장에서는 복합 PTSD가 자기인식과 자기가치감에 미치는 영향에 대해 논의한다. 어린 시절 겪은 학대나 방임의 경험은 종종 자기비난과 수치심으로 이어지며, 그로 인해 자신에게 잘못이 있거나 자신이 손상되었거나 무가치하거나 실패자라고 믿는다. 치유를 위해서는 정신적, 정서적, 신체적으로 자기인식 문제를 다루는 것이 중요하다. 연습을 통해 자신의 가치에 대한 긍정적인 감각을 되찾을 수 있다.

세바스찬의 이야기

"난 그런 일을 당해도 싸요"

"맞아요, 아버지가 나를 때리긴 했죠. 그런데 내가 좀 까다로운 아이였거든요. 난 그런 일을 당해도 싸요!"

세바스찬은 가족을 부양하기 위해 건설업에서 종사한다. 그는 책임감 있는 남편이자 아버지다. 하지만 감정을 이기지 못할 때마다 비판적인 말로 자신을 공격했다. 자학적인 공격은 실수를 저질렀다고 느낄 때 특히 맹렬했다. 그러면 그는 이렇게 말하곤 했다. "난 정말 바보야. 제대로 할 줄 아는 게 하나도 없어. 난 왜 이모양이지?" 때때로 그는 아내와 딸을 비난하기도 했는데 그럴 때마다 본인에 대한 자괴감만 더 커졌다. 그는 스스로를 괴물이라고 불렀다. 그의 치료를 격려한 건 아내였다. 아내는 세바스찬이 순탄하지 않은 어린 시절을 보냈다는 것을 알고 있었다. 스스로를 너무 가혹하게 대하는 그의 모습은 보기 안타까울 정도였다.

치료를 시작하며 세바스찬의 성장 과정을 살폈다. 그는 자신을 까다로운 아이였다고 묘사했고, 학교 생활에 어려움을 겪었고, 착한 학생이었던 적이 없었다고 말했다. 그리고 자신의 품행이 나쁘거나 성적이 좋지 않으면 아버지가 자신을 어떻게 때렸는지 이야기했다. 이런 일은 꽤 어렸을 때부터 시작되었다. 10대가 되었을 무렵, 그는 소위 '나쁜 패거리'와 어울리게 되었고, 술을 마시고 싸움을 벌였다.

처음에 세바스찬은 아버지에겐 아무 잘못이 없다고 확신했다. 자신은 다루기 힘든 아이였기 때문에 맞아도 싸다고 표현했다. 그럼에도 우리는 가혹한 내면의 비판자를 탐구해 보기 시작했고, 그가 엄청난 수치심을 안고 있다는 것을 발견했다. 아버지가 그를 가혹하게 대했을 뿐만 아니라 어머니조차도 아이들을 보호하기 위해 개입한 적이 없었다. 그 결과 세바스찬은 자신이 그런 대접을 받아 마땅하다고 생각하게 되었다. 그의 자기비판적 사고는 부모에 대한 분노를 자신의 내면으로 돌려서 표출하는 방식이었다.

이 패턴을 인식한 후 세바스찬은 자신의 감정에 대해 이야기할 수 있었다. 그는 자신이 어렸을 때 상처받은 감정을 드러내는 것이 안전하지 않았기 때문에 취약한 감정으로부터 자신을 방어해 왔다는 것을 알게 되었다. "이제 나는 내 잘못이 아니었음을 깨달았어요." 시간이 지나면서 그는 자기 자신을 더 잘 받아들이고, 자신의 실수에 관대해졌으며, 아내와 딸이 감정적으로 의지할 수 있는 존재가 되어 갔다.

자기인식의 문제를 이해하기

세바스찬의 이야기에서 볼 수 있듯이 어린 시절 트라우마 역사가 있는 사람은 자기인식에 혼란을 겪는다. 자신이 손상되었거나 열등하거나 무가치하거나 사랑받을 수 없다는 믿음을 기반으로 자기감을 발전시킨다. 이러한 믿음은 수치심과 죄책감을 동반한다. 마치 자신이 어디에도 속하지 않다고 느끼거나 다른 사람과 매우 다르다고 여기는 것은 흔한 일이다. 자기인식의 어려움으로 인해 다른 사람들이 나를 거부하거나 비판하고 있다고 잘못 믿기도 한다.

자기인식의 어려움은 학대 가정에서 자라난 아이에게 흔하게 발생한다. 아이는 자신에게 위협적인 부모나 양육자가 있다는 사실을 직면하기 두려워 학대나 방임의 잘못이 자신에게 있다고 믿는다. 아이는 전적으로 양육자에게 의존하기 때문에 절박한 생존을 위해 위험한 환경을 환상 속에서라도 견딜 수 있게 만들어내는 것이다. 예를 들어, 학대의 현실을 마주하지 않기 위해 이상적인 엄마나 아빠를 만들어내거나, '나쁜' 부모가 있다는 끔찍한 현실을 피하기 위해 스스로 '나쁜' 아이라는 마음의 짐을 짊어진다.

수치심이나 무가치함의 감정은 일상적으로 일어나는 사소하고 미묘한 거절이 누적된 결과다. 가령, 부모와 연결되기를 기대하며 손을 뻗었는데 무관심한 반응을 보였을 때 거절감을 느낄 수 있다. 또는 학교에서 엄마를 위해 만든 특별한 미술 작품을 가지고 왔는데 나중에 그 작품이 쓰레기통에 버려진 것을 발견했을 수도 있다. 연결에 대한 욕구가 반복적으로 부정당할 때 분노와 슬픔을 느끼는 것은 당연하다. 건강한 관계에서는 이러한 감정이 애착 회복 과정의 일부로 인정되고 받아들여진다. 그러나 고통스러운 단절의 순간을 인정받거나 복구할 수 없는 경우가 반복되면 해결되지 않은 배신의 경험은 축적되어 자기감에 영향을 미친다.

어린 시절의 트라우마에 흔히 수반되는 수치심, 분노, 상처의 불편함을 견디는 것은 어려운 일이다. 성인 트라우마 생존자는 완벽주의, 끊임없는 자기비판, 중독으로 힘겨워한다. 예를 들어, 당신은 슬픔을 피하기 위해 다른 사람에게 화를 내거나 자신에게 지나치게 비판적일 수 있다. 궁극적으로 치료를 받거나 책에서 제공하는 치유 전략을 사용해 취약한 감정을 위한 공간을 만드는 것이 필요하다. 그렇게 함으로써 도망치거나, 자신을 공격하거나, 남을 공격할 필요 없이 자신의 감정과 함께 있는 법을 배울 수 있다.

자기인식 문제는 신체에도 나타난다. 무가치하다는 느낌은 세상을 살아가는 방식에 반영돼 자세, 표정, 다른 사람과 눈을 마주치는 태도에 영향을 미친다. 만성 통증과 질병도 복합 PTSD

가 있는 사람에게 흔한 증상이다. 이러한 신체 증상이 마치 자신이 손상되었거나 망가진 것을 의미하는 것처럼 느껴질 수도 있다.

치유는 수치스럽거나 무가치하다는 감정이 인간이라면 누구나 가지고 있는 정당한 연결감의 욕구와 직접적으로 연관되어 있다는 사실을 인식하는 것을 포함한다. 더불어 수치심은 대인관계에서 받은 상처이기 때문에 치유 또한 대부분 관계 안에서 일어난다. 처음에는 이를 상담실에서 일어나는 치료자와의 관계 속에서 경험할 수 있지만 결국 다른 관계에서도 공정하고 정중하게 존중받고 있다고 느끼는 것이 중요하다. 몇몇 사람으로부터 거절을 당했더라도 여전히 연결의 욕구를 충족시킬 수 있는 다른 사람들을 찾아 나설 수 있다는 점도 배울 수 있다. 어렸을 때 주목받지 못했다 하더라도 당신을 진심으로 대해 줄 누군가를 찾을 수 있다.

치유의 시작

이번 장에서는 자기인식 문제를 정신적, 정서적, 신체적으로 해결하는 치유 전략을 소개한다. 레베카의 이야기를 통해 수치심과 자기회의감이 무엇인지를 좀 더 자세히 살펴보고, 변증법적 행동치료을 기반으로 한 '타당화하기validation' 전략을 배워보자.

머라이어의 이야기는 복합 PTSD 증상이 생리학적으로 미치는 영향을 강조하며, 수치심이라는 감정이 몸이 무거운 것 같은 신체적 불편감으로 나타날 수 있음을 알려준다. 이어서 소개할 소매틱 심리학에 기반한 치유 전략은 트라우마 회복의 필수적인 부분으로 몸의 긴장을 활용하는 방법이다.

레베카의 이야기

"내 감정을 인정하는 게 너무 어려워요"

"내 기분에 대해 얘기하려고 할 때마다 여자친구가 나를 깎아내리거나 내가 잘못된 것처럼 느끼게 해요. 문제는 나도 그녀의 말을 믿기 시작했다는 거예요. 마치 내 경험을 입증해줄 다른 누군가를 기다리는 것 같아요. 내 감정을 스스로 인정하는 게 너무 어려워요."

레베카는 대인관계에 어려움을 느끼고 치료를 받으러 왔다. 그녀는 불안을 느꼈고 무엇을 잘못하고 있는 건 아닌지 끝없이 자문했다. 그녀의 경험을 함께 살펴보던 중 그녀는 자주 친구들과 계획을 세우고는 마지막 순간에 취소하곤 했다고 말했다. 여자친구에게 자신의 감정에 대해 이야기하려고 하면, 여자친구는 방어적으로 반응하며 대화를 돌려 레베카를 문제의 주범으로 만들곤 했다.

우리는 레베카의 아동기 과거력을 살펴보기 시작했고, 나는 그녀가 자신에게 질투와 비판을 일삼던 어머니 밑에서 자랐다는 사실을 알게 되었다. 레베카는 현재의 관계가 어렸을 때와 유사하다는 것을 깨달았다. 치료를 통해 자신의 경험과 감정이 그럴 만하다고 인정받는다는 게 어떤 느낌일지 그려볼 수 있었고, 치료실 밖에서도 자신의 감정을 그럴 만하다고 인정하는 법을 배웠다.

마침내 점차 자신감이 붙으면서 더 이상 여자친구가 자신을 함부로 대하는 것을 용납하지 않았다. 처음에는 자신이 어떻게 대우받고 싶은지 명확한 경계를 설정했지만, 얼마 지나지 않아 파트너가 자신의 필요를 충족시킬 능력이 없다는 것을 깨닫고 관계를 끝냈다. 그녀는 자신의 가치에 대해 명확히 알게 되었고, 자신이 마땅히 받아야 할 사랑을 줄 수 있는 다른 이를 찾을 준비가 되었다.

✧

치유 전략

감정을 타당화하기

누군가 아무런 판단 없이 내 이야기를 들어줄 때 우리는 타당성을 인정받는다. 무조건적인 수용이 제공되면 자신의 생각과 감정의 중요성을 인정할 수 있다. 변증법적 행동치료에서 영감을 얻은 이 치유 전략은 자신의 경험을 무조건적으로 수용함으로써 자신의 감정이 그럴 만하다고 인정하도록 안내한다. 격렬하거나 괴로운 감정을 경험할 때 아래 제시된 방법들을 연습해 보자. 이 연습은 특정 사람이나 상황에 대한 자신의 반응이 혼란스럽거나 불분명하다고 느낄 때 특히 도움이 된다. 자기타당화self-validation가 어렵다고 느껴지면 신뢰할 수 있는 사람에게 도움을 구해도 괜찮다.

- 내가 지금 어떤 어려운 감정을 느끼는지 알아차릴 수 있는가? 슬픔인가, 분노인가, 두려움인가, 실망인가, 혼란감인가, 아니면 수치심인가?
- "내가 너무 예민했어", "그냥 넘어가야 해", "이런 감정은 어리석은 거야" 등 스스로를 판단하거나 인정하지 않는 생각이 있는지 알아차려 보자.
- 자신을 부정하는 생각이 들 때, 이를 중단하거나 멈추기로 스스로와 약속한다. "그만"이라는 단어를 말한 다음 "나는 친절과 존중으로 나를 대할 자격이 있다"라고 말한다.
- '내가 언제부터 이런 감정을 느끼기 시작했지?' 또는 '어떤 상황이 내 감정에 영향을 미쳤지?'라고 스스로에게 질문해 감정의 원인을 찾아본다.
- "내 감정은 납득이 가, 왜냐하면…" 또는 "내가 어떻게 느끼는지는 중요해, 왜냐하면…"과 같이 스스로를 타당하

다고 인정하는 문장들을 만들어본다.

- 자신의 경험을 그럴 만하다고 인정하기 어려운 경우 '다른 사람이 내 상황에 처해 있다면 어떻게 느낄까?' 하고 생각해 본다. 그리고 그 사람에게 어떻게 연민을 표현할 수 있을지 생각해 본다.
- 스스로에게 물어본다. "나는 무엇을 원하지?" 그런 다음 "그것이 나에게 중요하다면 그것은 중요한 것이다"라고 말한다.
- 현재의 경험과 감정적 반응을 인정하고 받아들일 때 무슨 일이 일어나는지 알아차려 본다. 지금 나의 몸에서는 어떤 감각이 느껴지는가?

머라이어의 이야기

"이렇게 계속 버틸 수 있을지 모르겠어요"

"고통스러워요. 너무 피곤해서 침대에서 일어나지도 못하는 날이 많아요. 이렇게 계속 버틸 수 있을지 모르겠어요. 가끔은 내가 태어나지 말았어야 했다는 생각이 들어요."

머라이어는 건강 문제와 절망감으로 가득한 삶을 살았다. 만성 피로로 치료를 받고 있었지만, 담당 의사가 트라우마 치료도 받을 것을 제안했다. 그녀와 과거력을 살펴보던 중 극도로 아이를 거부하는 미혼모 밑에서 자랐다는 사실을 알게 되었다. 그녀의 어머니는 자식을 결코 원하지 않았으며, 머라이어가 태어난 날을 후회한다는 말을 자주 했다. 이제 40대가 된 머라이어는 해결되지 않은 고통의 무게에 짓눌려 있었다.

트라우마와 관련된 미해결된 감정은 몸에 간직되어 남는다. 수치심이나 무가치한 느낌은 움츠러드는 가슴, 무너진 자세, 아래를 향한 고개와 시선 등으로 나타나는데, 시간이 지남에 따라 이러한 자세는 자기감을 더욱 떨어뜨려 자기인식 문제를 한층 더 악화시킨다. 치료 과정에서 머라이어는 자신의 어린 시절에 대해 이야기할 수 있었지만, 몸과 단절된 느낌을 받았고 여전히 극심한 피로감에 시달렸다. 머라이어에게는 자신의 이야기를 말로 표현하는 것을 넘어서 트라우마가 어떤 방식으로 몸에 남게 되는지 이해하는 것이 중요했다.

천천히 그리고 안전하게 그녀의 몸과 연결되는 작업을 진행했다. 처음에 그녀는 자신의 몸을 돌보는 것을 어려워 했다. 마치 몸이 자신을 거스르는 것처럼 느꼈기 때문이다. 감각에 집중하다 보면 자신이 사랑받을 수 없는 존재라는 생각과 수치심에 사로잡혔다. 하지만 연습을 통해 고통스러운 감정이 일어날 때 손을 가슴 위에 대고 자신을 사랑하려는 의도에 집중했다. 새로운 자기연민감에 서서히 눈을 뜨면서 슬픔과 안도감을 동시에 느꼈다. 이후 통증과 피로 증상이 나타날 때마다 꾸준히 자신을 탐색해 나갔다. 마음챙김을 하면서 신체 감각에 대한 알아차림을 키워나가자 점차 긴장된 허리, 어깨, 목이 완화되어 편안하게 몸을 움직이고 호흡할 수 있었다. 신체에 주의를 집중할 때마다 감정적인 해방감을 느끼곤 했는데, 이는 일시적인 신체 증상 완화로 이어졌다. 그녀는 생애 처음으로 미래에 희망을 갖기 시작했다.

✧

치유 전략

신체 기반 긴장 완화 연습

이 치유 전략은 신체의 긴장을 해소한다. 트라우마는 단지 마음의 문제가 아니라 몸에 남기 때문이다. 트라우마가 흔하게 남는 신체 부위에 주의를 집중해 신체 긴장을 완화한다. 이전의 전략들과 마찬가지로 마음챙김을 하면서 연습을 하는 도중 언제라도 압도감이 느껴지면 잠시 멈춰 휴식을 취하거나 다른 치유 전략으로 넘어간다.

역시 정해진 순서는 없다. 또한 이 부분들이 긴장을 간직하고 있는 유일한 신체 부위들도 아니다. 필요할 때마다 언제든 연습을 반복할 수 있다는 점을 유념하면서 한 번에 신체 한 부분씩 탐색할 것을 권한다.

몸의 어느 한 부분에 손을 올려놓고, 호흡에 집중하면서 해당 부위의 감각을 더 알아차려 본다. 처음에는 1~2분간 집중하는 것부터 시작하자. 이 치유 전략이 도움이 되었다면 시간을 서서히 늘린다. 호흡을 통해 몸의 감각을 알아차리면서 감정이 올라올 수 있는 시간을 최대한 충분히 가져보자. 감정의 긴장이 풀리면서 몸이 흔들리거나 떨리는 것을 알아차릴 수도 있다. 만약 이런 일이 발생하면 긴장을 푸는 데 도움이 되는 어떠한 몸짓이든 본능에 따라 움직여본다. 예를 들어 팔과 다리를 흔들어 볼 수도 있다. 또한 다음의 안내 메시지는 신체의 각 부분과 관련된 몇 가지 일반적인 감정 테마를 탐색하도록 작성되었다. 주제에 공감이 된다면 따를 수도 있지만 중요한 것은 나의 경험에 주의를 기울이고 그것을 존중하는 것이다.

목구멍, 목, 턱: 목의 긴장은 진실을 말하지 못했던 시간과 관련이 있을 수 있다. 턱이 조여지는 느낌과 일치하는 소리가 있는가? 입을 벌렸다가 다물거나 혀를 내밀 때 어떤 느낌이 드는지 탐색해 본다. 이때 목소리를 낼 수 있도록 스스로에게 허용해 줄 수 있는지 살핀다.

등 위쪽 또는 어깨: 어깨 또는 등 위쪽의 긴장은 정서적 부담을 지고 있거나 세상의 무게를 짊어져야 한다는 느낌과 관

련된다. 만약 이러한 부담을 내려놓는다면 어떤 느낌이 들 것 같은가? 해야 할 일 목록 때문에 스트레스를 받아 왔다면, 자신이 성취한 것을 인정하고, 그 정도면 "충분하다"고 자신에게 말할 수 있는가?

가슴, 심장, 폐: 때때로 가슴, 심장, 폐의 긴장은 상실 및 애도의 감정과 연관된다. 관심을 기울여야 할 상실이나 상처가 있는가? 몸의 이 부위에서 감정적 긴장을 떨쳐내는 방식으로 호흡할 수 있는가?

복부, 위장, 내장: 복부, 위장, 내장의 긴장은 감정적으로나 정신적으로 소화하기 어려운 상황들과 관련이 있을 수 있다. 메스꺼움이나 역겨움을 느끼는 것은 당신의 경계가 침범당했다는 신호일 수 있다. 안전하지 않았거나 보살핌을 받지 못했던 경험을 떠올릴 때 몸이 어떻게 반응하는지 알아차려 보자. 반대로 따뜻한 관심과 돌봄을 받았다고 느꼈던 때를 회상할 때는 몸이 어떻게 느끼는지 탐색해 본다.

허리, 엉덩이, 골반: 허리, 엉덩이, 골반의 긴장은 두려움과 관련된다. 아마도 당신은 생존 모드에 있는 것처럼 느끼거나 자신이 존재할 권리에 대해 확신이 없을 수도 있다. 이 신체 부위에 숨을 불어넣으면서 지금 내가 안전하다는 것을 상기시켜주는 신호에 집중한다.

✦

자가 진단

나의 상태는 어떤가요?

이번 장을 마치면서 내가 나를 어떻게 인식하는지 한번 생각해 보자. 책의 내용에 공감했는가? 이 챕터를 읽으면서 괴로움을 느끼게 한 부분이 있는가? 수치심과 무가치감은 매우 흔한 감정이라는 점을 기억하자. 이러한 감정은 자기돌봄을 위해 잠시 시간을 내어야 할 때임을 상기시켜준다. 마지막으로 소개할 치유 전략은 사랑받거나 보살핌을 받은 느낌의 긍정적인 순간에 주의를 집중하는 방법이다. 이 전략은 당신이 수치심에서 벗어나도록 도와줄 것이다.

✦

치유 전략

사랑이 넘치는 순간을 회상하기

한 손 또는 양손을 심장 위에 얹고 연습을 시작한다. 깊은 복식 호흡을 여러 번 하면서 호흡이 천천히 느려지는 것을 느낀다. 이제 누군가에게 사랑받고 있다고 느꼈던 순간, 즉 대인관계에서 안전하다고 느꼈던 순간을 떠올린다. 좋은 친구, 선생님, 치료자, 가족, 반려동물과 함께였던 순간일 수 있다.

그러한 순간을 떠올릴 수 있다면, 잠시 시간을 들여 이 긍정적이고 사랑이 넘쳤던 순간에 대한 기억을 강화한다. 그때 당신은 어디에 있었나? 당시 몇 살이었나? 상대방의 눈을 바라보며 생각나는 것이 있는가, 또는 그 사람의 목소리에서 무엇을 들었는가? 반려동물이라면 당시 털에 닿았던 느낌이나 교감했던 감각적 경험을 회상한다. 지금 당신의 몸에서 무엇을 알아차릴 수 있는가? 따뜻함이나 이완된 느낌을 감지할 수 있는가? 어떤 감정이 느껴지는가?

심장 위에 닿은 손의 감각에 다시 주의를 기울인다. 사랑과 안전이라는 긍정적인 감정에 계속 집중하면서 이러한 감정이 자라나도록 허용한다. 원하는 만큼 여기에 머무른다. 수치심이나 내가 무가치하다는 느낌이 밀려올 때 우리는 언제든 이 순간의 기억으로 돌아갈 수 있다. 애정이 가득했던 순간으로 필요할 때면 언제든 돌아갈 수 있다는 걸 기억하자. 힘들었던 기억에서 긍정적인 기억으로 전환할 때마다 두뇌는 훈련된다. 연습을 통해 수치심과 무가치하다는 느낌에서 사랑과 안전의 감정으로 전환하는 능력을 강화하자.

9

학대자와의 과도한 동일시 치유

"나는 더 이상 과거에 휘둘리지 않습니다"

이번 장에서는 어린 시절 아동 학대를 경험한 사람이 흔하게 겪을 수 있는 복잡한 내적 갈등을 살펴본다. 장기적인 트라우마로 인해 학대자에 대해 왜곡된 생각과 감정을 갖게 될 수 있다. 예를 들어, 실제로는 매우 상처를 주었던 부모를 좋게 이상화하거나 성인이 되어 학대자에게 벗어났음에도 여전히 당신의 삶을 통제하고 있는 것처럼 느낀다. 이번 장에서는 학대자와의 과도한 동일시로부터 자유로워지기 위해 경계를 설정하는 방법에 중점을 둔다.

레노어의 이야기

"왜 내 과거가 아직도 날 지배하고 있는 거죠?"

"가족을 만나러 집에 갈 생각만 해도 숨이 막혀요. 부모님이 보고 싶고 그립기도 하지만 마음 한편에서는 집에 있는 내내 끔찍한 기분이 들어요. 옛 동네에 가면 동네 친구들을 만나는데, 친구들은 우리 집 닫힌 문 안에서 어떠한 일이 벌어지는지 아마 상상도 못할 거예요. 부모님은 매일 같이 소리를 지르고, 아버지는 동생을 때리곤 하셨죠. 어렸을 때 동생을 제대로 지켜줄 수 없어서 무력감을 느꼈어요. 지금도 가정사를 계속 숨겨야 할 것 같고, 내가 뭔가 잘못한 것만 같은 기분이 들어요. 왜 나는 여전히 과거에 강하게 지배당하고 있는 걸까요?"

레노어는 학대에 엄청난 수치심을 느끼며 치료를 받으러 왔다. 그녀는 부모님을 향한 복잡한 감정으로 힘들어했다. 그녀는 아버지가 어떻게 자신에게는 사랑이 넘치면서 동생에게는 그토록 상처를 줄 수 있는지 이해하지 못했다. 또한 어머니가 왜 동생을 한 번도 제대로 지켜주지 않았는지 이해할 수 없었다. 그리고 자신이 왜 이웃이나 선생님에게 집 안에서 일어나는 일에 대해 아무 말도 하지 못했는지 혼란스러워했다.

치료를 통해 레노어는 어린 시절과 관련된 힘든 감정을 느끼고, 그 감정이 그럴 만하다고 인정할 수 있었다. 어머니가 동생을 지켜주지 않아서 자신이 배신감을 느꼈던 것을 인식했고, 동생을 상처주고 자신을 겁먹게 한 아버지에게 격한 분노를 느꼈다. 치료에서 가장 힘들었던 순간은 여전히 부모를 사랑하고 있는 자기 마음의 일부분을 인정할 때였다. 아버지가 동생을 학대했다는 사실을 숨긴 채 기꺼이 부모를 지키고자 했던 바로 그 마음이었다. 그녀는 자신이 항상 염원했지만 도둑맞은, 즉 아버지가 자신과 동생의 신뢰를 저버렸을 때 빼앗겨버린 어린 시절을 애도하면서 내면에서 깊은 슬픔이 일어났다.

레노어는 자신의 과거를 애도하면서 아버지가 더 이상은 동생을 학대하지 않는다는 사실도 자각했다. 또한 자신에게 아버지의 과오를 비밀로 부쳐야 할 어떠한 의무도 없다는 것을 깨달았다. 그녀는 동생과 함께 그들이 겪어낸 어린 시절의 경험에 대해 좀 더 솔직하게 대화하기 시작했다. 동생 역시 아버지에 대해 복잡한 감정을 갖고 있었으며, 심리치료를 통해 도움을 받을 수 있었다는 것을 알게 되었다. 마지막으로 레노어는 부모님에게 자신의 분노와 실망감을 터놓고 이야기했다. 그리고 마침내 “나는 더 이상 과거에 휘둘리지 않아요!”라고 말할 수 있었다. 이러한 깨달음을 통해 그녀는 가족을 만나러 집에 가는 것에 대한 내면의 갈등을 해결했다.

학대자에 대한 과도한 동일시 이해하기

정신과 의사이자 가족 치료자인 머리 보웬Murray Bowen 박사는 아이의 건강한 발달을 위해서 부모로부터의 독립을 확고히 하는 과정을 거쳐야 한다고 말한다. 이러한 분화Differentiation는 자신의 생각, 감정, 경험을 다른 사람의 것과 구별할 수 있게 해준다.

가장 이상적인 상황은 이 발달 단계의 중요성을 인식하는 사랑 넘치는 부모가 아이의 독립 과정을 지지해주는 것이다. 모든 아이는 부모에 대해 이율배반적인 감정을 가진다. 아이의 입장에서 부모는 좋아해서 닮고 싶은 부분이 있는 반면에, 싫어해서 달라지고 싶은 부분도 있다. 그러므로 아무리 좋은 환경에서도 분화가 이루어지기 위해서는 시간이 필요한 법이다.

분화의 중요성

레노어의 이야기에서 볼 수 있듯이 학대 가정에서 자란 아이들은 분화에 어려움을 겪는다. 분화되지 못한 아이는 부모나 다른 형제의 가정 내 갈등과 정서적 어려움을 자신의 탓으로 돌린다. 예를 들어, 가정 폭력 사건의 책임이 자신에게 있다고 느끼거나 형제가 자살한 경우 끝없는 죄책감에 시달린다. 이는 성인기에 수치심과 자기혐오감을 부추기면서 엄청난 정서적 고통으로 이어진다.

분화가 어려운 이유 중 하나는 모든 아이가 애착을 추구하는 타고난 생물학적 욕구를 가지고 있기 때문이다. 아이는 부모가 학대를 일삼아도 부모에게 애착을 갖는다. 학대 가정에서 벗어날 방법이 없기 때문에 아이는 스스로를 위험한 환경에서 견딜 수 있게 만들어야 한다. 이를 위해서 양육자에 대한 애착을 붙들고 있는 자아와 학대 현실을 간직하고 있는 자아 사이에 깊은 해리성 분열이 나타난다. 아이는 생존하기 위해 종종 후자의 자아를 차단한다. 또한 학대를 기억하거나 인정하는 것을 회피하기 위해 해리 증상이 성인기까지 지속되는 경우가 많다.

숨겨두기

때때로 아이는 학대 사실을 비밀에 부치도록 협박당하거나 매수당한다. 또는 소위 '정상적인' 가족의 이미지를 유지해야 한다는 암묵적인 부모의 기대를 느끼기도 한다.

이러한 복잡한 상호작용은 아동이 학대를 당하는 당사자이든, 레노어의 경우처럼 다른 가족 구성원이 당하는 폭력을 지켜보던 목격자이든 상관없이 발생한다. 아이의 생존은 부모에게 달려 있기 때문에 아이는 대부분 충성스럽거나 침묵을 지키는 경향이 있다. 학대 부모는 아이가 독립적이게 되면 학대의 진실을 다른 사람에게 말할까 봐 두려워한다. 이 때문에 점점 더 아이를 통제하고 아이를 지지해줄 수 있는 어른과의 만남을 제한한다. 아이 스스로는 짊어지고 있는 무력감과 수치심 때문에 도움을 구하는 것을 극도로 힘들어할 수 있다. 위와 같은 여러 이유로 아이는 점점 더 고립되기 때문에 의식주라는 기본적인 필요를 충족하기 위해서라도 학대자에게 더욱 의존할 수밖에 없다.

이 책은 주로 양육자와 관련된 아동기 트라우마에 초점을 맞추고 있지만, 모든 학대가 가정에서만 발생하는 것은 아니라는 점을 유념하자. 많은 어린이가 종교 단체나 여타 지역 사회 현장에서 학대를 당하고 있다. 성직자, 교사, 코치 또는 기타 멘토에 의해 발생하는 학대도 아동에게 그와 비슷한 형태의 정신적 혼란을 야기한다. 이러한 학대자들은 아이를 길들여서grooming, 아이가 칭찬, 관심, 지도를 받기 위해 정서적으로 자신에게 의존하게끔 만드는 데 시간을 쏟아붓는다. 아이는 돌봐주는 어른을 실망시키고 싶지 않은 마음에 학대를 계속 숨기려고 한다.

스톡홀름 증후군과 트라우마 유대

어렸을 때 학대를 당한 성인은 학대자를 향한 충성심을 계속해서 유지하려는 경우가 많다. 이를 스톡홀름 증후군Stockholm Syndrome이라고 한다. 인질이 납치범에게 충성심을 가지고, 오히려 납치범을 방어하는 상태를 말하는데, 심지어 억류에서 풀려난 후에도 그러하다. 스톡홀름 증후군은 장기간 아동 학대를 당한 생존자들 사이에서 흔히 나타난다. 학대자에게 사랑의 감정을 품으면서도 동시에 스스로에게는 수치심과 자기비난을 돌리려 하는 등 학대자의 행동으로 인한 충격을 방어하거나 최소화하려는 경향을 동반한다. 이는 아동이 학대에 왜곡된 책임감을 가지고 있다는 징후다.

아동기 학대는 트라우마 유대Trauma Bond를 만들어낼 수 있는데, 이를 통해 아동은 두려움에서 비롯된 학대자에 대한 애착을 형성한다. 이러한 양상은 성인이 되어서도 재연reenactment될 수 있다. 재연은 일반적으로 과거의 경험을 직면하여 해결하는 과정이 완결되지 못했을 때 발생한다. 그 결과, 당신은 새롭고 더 만족스러운 결말을 찾을 수 있기를 바라며 고통스러운 감정을 계속해서 되살린다. 하지만 적절한 도움이 없다면 고통만 되풀이될 수 있다. 재연은 성인기의 자해 행동과 지속적인 학대 관계의 근본 원인이 되는 경우가 많다. 예를 들어, 당신이 과거의 학대를 인정하는 데 어려움을 겪는다면 성인 파트너의 학대 행위를 간과할 수 있다. 이러한 위험 신호를 무시하면 현재 관계에서 과거의 고통스러운 관계 양상을 반복한다. 더욱이 이러한 왜곡된 지각으로 인해 자신과 자신의 과거에 대해 혼란스러운 생각과 감정을 갖는다. 학대자와 자신을 지나치게 동일시하여 자신에게 매우 비판적이거나 공격적인 태도를 취할 수 있다. 어떤 경우에는 학대자가 여전히 당신의 삶을 통제하고 있는 것처럼 느낀다. 어쩌면 복수하는 것에 집착하거나, 학대하는 부모와의 관계를 계속 유지할지 여부를 놓고 혼란스러워 하거나, 학대자에 대한 경계를 설정할 때 죄책감을 느끼기도 한다.

건강한 자기 개발하기

학대자와의 과도한 동일시로부터 치유하는 주요 방법은 분화다. 확고한 자기감이 없으면 다른 사람으로부터 승인과 인정을 받는 것에 지나치게 신경을 쓰면서, 동시에 거절이나 갈등에 쉽사리 두려움을 느낀다. 또는 다른 사람의 요구에 맞추거나 그들을 기쁘게 하려고 집중할 수도 있다. 이와 반대로 분화가 잘 이루어진 사람은 다른 사람의 조종이나 통제에 덜 취약하다. 자신의 경계를 탐구하고 이해함으로써 분화감을 발달시킬 수 있으며, 이는 다른 사람들과 차별화되는 자신을 주장하게끔 돕는다. 경계는 당신 내면에 있는 비판자의 목소리나 자해 충동들이 실제로는 학대자가 당신에게 내면화된 것internalization이었음을 인식하는 데에도 도움이 될 수 있다. 결과적으로 자기 내면의 그러한 측면들에 선을 그을 수 있게 된다.

학대자와 성공적으로 분화가 되면, 그들의 행동이 용서할 수 없을 정도로 잔인했거나, 계속해서 자신을 조종하거나 학대하기 때문에 학대자로부터 자신을 완전히 분리하기로 결정할 수 있다. 혹 잠시 학대하던 사람과 관계를 유지하기로 결정하더라도 확고한 경계를 세운다. 이는 학대자와 더 쉽고 안전하게 접촉하는 데 도움이 된다. 트라우마 전문가이자 작가인 주디스 허먼Judith Hermann 박사에 따르면, 학대자와의 과도한 동일시로부터의 치유에는 학대 원가족의 고통스러운 관계 양상에 직면하면서 겪는 애도의 과정이 반드시 필요하다. 보살핌을 받고자 하는 어린 시절의 갈망을 내려놓으면서 동시에 자신의 현재 삶에 대한 책임감을 키울 수 있다. 이는 또한 자신의 가치를 확인하고 경계를 확고히 세우는 기반이 된다. 자신에게 중요한 것이 무엇인지 알아차리면, 자신의 욕구를 당당히 표현하고 인생의 목표를 달성하는 것에 보다 더 집중할 수 있다.

치유의 시작

샘과 아이아나의 이야기는 아동 학대 과거력이 삶에 미치는 영향을 보여준다. 이어지는 치유 전략은 학대자와의 과도한 동일시를 벗어나도록 돕는 것들이다. 학대자가 당신을 어떻게 대했는지에 대한 기억은 당신의 생각이나 행동에 큰 영향을 미칠 수 있지만, 과거가 당신의 미래를 반드시 규정하는 것이 아님을 기억하자. 이 책을 읽으면서 당신은 자신의 삶을 책임질 수 있는 힘을 기르게 될 것이다. 그러므로 치유 과정에는 시간이 걸리고, 스스로에 대한 인내심이 필요하며, 종종 신뢰할 수 있는 치료자의 도움이 필요하다는 것을 명심하길 바란다.

샘의 이야기

"학대자가 여전히 내 안에 살아 있는 것 같아요"

"축구 코치가 나를 조종하고 학대했던 장면들이 계속 떠올라요. 도저히 멈출 수가 없어요. 긴 세월을 나 자신이 더럽다고, 그의 행동은 전부 내 탓이라고 믿어왔어요. 가장 끔찍한 건 내가 나를 대하는 방식이에요. 학대자가 여전히 내 안에 살아 있는 것 같아요."

샘은 자신을 괴롭히는 엄청난 수치심 때문에 치료를 받으러 왔다. 처음에 그는 과거에 대해 말을 꺼내는 걸 어려워했지만 점차 치료를 편안하게 느끼면서 서서히 마음을 열었다. 학대자는 유난히 다정했다. 온 가족에게 선물을 보내곤 했고, 샘을 자신의 집에 초대해 중요한 경기를 함께 관람하기도 했다. 가족 모두 그를 신뢰했기 때문에 코치가 부적절한 스킨십을 하기 시작했을 때 샘은 혼란에 빠졌다. 그는 마음 한편에서 자신이 특별하다는 느낌을 즐기기도 했다고 말했다.

코치는 샘에게 너는 다른 아이들보다 더 나은 선수라고 말하며 스타 선수로 키워주겠다고 약속했다. 그러면서 함께 보낸 '특별한 시간'을 누군가에게 말한다면 팀에서 퇴출시키겠다고 협박했다. 코치는 치료를 받으러 오기 몇 년 전 이미 사망했지만 수치심, 분노, 혼란스러움 등 복잡한 감정들이 여전히 샘을 괴롭혔다.

샘은 자신을 학대하던 코치도 미웠고, 학대를 멈추게 하지 못한 자신도 미웠다. 코치에게 복수하는 환상과 스스로를 무력하게 만드는 수치심 사이를 번갈아가며 괴로워했고 때때로 수치심이나 자기혐오감이 심할 때면 칼로 자해했다. 치료 과정에서 우리는 샘이 코치에게 하고 싶었던 말이 무엇인지 탐색하는 것에 집중했다. 코치와 대화하는 상상을 하면서 그가 살아 있을 때는 결코 말할 수 없었던 생각과 감정을 말로 표현했다. 또한 상담을 받는 중간중간 일기를 쓰는 것도 복잡하고 고통스러운 감정들을 헤쳐 나가는 데 도움을 주었다.

치료 과정 중에 샘은 자신만의 내적 회복탄력성을 발견했는데, 이는 코치가 빼앗을 수 없는 자신만의 강점이었다. 상담을 하면서 자신의 자해 행동이 학대의 재연이라는 것을 깨닫고 점차 자해 충동이 줄어들었다. 샘은 말도 안 되는 사건들을 의미 있게 이해하려고 노력하며 수년을 보냈다. 결국 그는 고통스러운 진실, 즉 아무리 노력해도 자신의 과거를 바꿀 수 없다는 점을 직시해야 했다. 비로소 그는 자신의 삶에서 앞으로 나아갈 수 있게 되었다.

✧

치유 전략

진실을 말하기

학대 가정에서 자라난 아이는 자신의 목소리를 내기 어렵다. 하지만 당신은 이제 성인이 되었다. 진심을 표현할 수 있는 권한을 스스로에게 줄 수 있다. 이 치유 전략은 어린 시절 끝내지 못한 대화나 해결하지 못한 과제를 탐색한다. 이 과정을 시작하는 안전한 방법으로는 일기를 쓰는 것이다. 특히 충격적인 사건을 다른 사람에게 말하는 것이 두렵다고 느끼는 경우 활용하기 좋다.

서면으로 작성한 답변 자료를 치료에 가져가는 것도 도움이 된다. 일기, 동영상, 예술 작품, 녹취록 등 어떤 방식으로든 학대자에게 말하고 싶었던 것을 표현한다. 아래의 문구들 중 나의 과거와 관련된 것이 있는지 탐색해 보자. 이 문구들은 트라우마로 인한 고통뿐만 아니라 나의 강점을 돌아보도록 유도한다. 만약 너무 부담스럽다면 속도를 조절하거나 건너뛸 수 있다.

- 어렸을 때 당신이 내게 상처를 주었을 때, 내 감정은 …
- 당신이 한 말이나 행동 중 가장 나쁜 것은 …
- 가장 두려웠던 것은 …
- 학대로 인해 내 몸은 …

- 학대는 나의 다른 인간관계에 …
- 그때 당신에게 말했으면 좋았겠지만, 한 번도 말하지 못한 것은 …
- 당신이 나에게서 결코 빼앗아갈 수 없는 것은 …
- 나는 내가 강하다는 것을 안다. 왜냐하면 …
- 지금 나에 대해 당신이 알기를 바라는 것은 …

아이아나의 이야기

"나는 내가 잘못했다는 믿음으로 살아왔어요"

"그는 나를 특별한 아이라고 말했지만 그가 나에게 한 짓은 용서할 수 없는 일이었어요. 오랫동안 나는 내가 잘못했다는 믿음으로 살아왔어요. 이제야 비로소 잘못을 저지른 사람은 내가 아니라 바로 그 사람이라는 걸 깨달았어요."

치료 과정에서 아이아나는 어렸을 때 아버지에게 성적 학대를 당했던 일을 말했다. 처음에 그녀는 학대의 책임이 자신에게 있다고 여겼다. 자신에게 벌어지고 있는 일이 이상하다는 것을 알면서도 거부 의사를 밝히거나 그 사실을 아무에게도 말하지 않았기 때문에 자기 잘못이라는 그릇된 믿음을 가지고 있었다.

치료를 통해 아이아나는 자신이 수치심과 자책감을 느끼는 건 학대에 대한 왜곡된 책임을 짊어지고 있다는 징후임을 인식했다. 그녀는 아버지가 자신의 마음을 읽어낼 수 있어서 만약 자신이 학대 사실을 누군가에게 알리기라도 하면 아버지가 알아챌 거라고 오랫동안 믿어왔다. 사실 이러한 믿음은 어디에도 도움을 청할 곳이 없었던 어린아이가 생존을 위해 의지했던 환상이었음을 인정했다. 아이아나는 자신이 한낱 어린아이에 지나지 않았음을 마음에 새길 수 있었다. 항상 겁에 질리거나 무력감을 느꼈기 때문에 싫다고 말하거나 학대를 멈추게 할 수 없었던 것이다. 하지만 이제 성인이 된 그녀는 다른 선택을 할 수 있다. 그녀는 내면에 어린 소녀로 남아 있는 자신에게 연민을 느끼기 시작했고, 스스로에게 말해주기 시작했다. "너의 잘못이 아니야"라고. 자신의 잘못인 적은 단 한 번도 없었다고.

✧

치유 전략

책임 소재를 재정립하기

이 치유 전략은 자신이 어린아이에 불과했다는 사실을 마음에 새기고, 학대 행동 책임을 학대자에게 돌려주는 데 중점을 둔다. 다음 안내 메시지들을 살펴보고 자신의 답변을 적어본다.

- 어렸을 때 겪은 학대에 책임을 느끼거나 부끄러움을 느끼던 방식이 어떤 것이었는지 살펴본다. 거절하지 않았거나, 아무에게도 말하지 않았거나, 학대가 계속되도록 내버려두었거나, 자신의 신체가 학대에 성적으로 반응했다는 이유로 스스로를 비난했을 수 있다.
- 몸은 생물학적으로 신체 접촉에 반응하도록 설계되어 있다. 심지어 학대 상황에서도 마찬가지다. 이는 많은 학대 생존자들이 혼란스러운 감정을 가지는 지점이다. '흥분'이라는 신체 반응은 '동의'를 의미하는 것이 아니며, 성적 스킨십을 허락한다는 신호로 해석되어서는 안 된다.
- 당신은 한낱 어린아이에 지나지 않았으며, 모든 어린아이는 부모에게 의존할 수밖에 없음을 자신에게 상기시킨다.
- 학대의 책임이 절대 어린아이에게 있을 수 없는 이유를 생각해 본다. 어렸기 때문에 무력했거나, 죽임을 당할까 봐 두려웠거나, 시키는 대로 하는 게 착한 행동이라고 생각했을 수 있다.
- 숨을 몇 번 크게 쉬고 어렸을 때 겪었던 아픈 경험에 대해 스스로에게 연민을 표현해 본다. 이 과정에서 일어나는 슬픔이나 상실감 같은 감정을 느낄 수 있는 시간을 충분히 가진다.

✦

자가 진단

나의 상태는 어떤가요?

이번 장에서는 학대자에 대해 왜곡된 생각과 감정을 갖게 되는 이유를 중점적으로 이해해 보았다. 치유 과정에서 분화는 자기감을 강화하는데, 강화와 동시에 애도와 상실감이 흔하게 일어난다. 잠시 시간을 내어 생각해 보자. 이 장에서 나눈 이야기에 공감할 수 있었는가? 이번 장에서 당신을 동요시키거나 속상하게 만든 내용이 혹시 있는가? 그렇다면 언제든지 이 책에 나오는 치유 전략 중 하나로 돌아갈 수 있다는 점을 기억하자. 이번 장을 마무리하면서 당신이 경계를 확고히 세우고 관계의 한계선을 설정하는 데 도움이 되는 또 하나의 치유 전략을 소개한다.

✦

치유 전략

나만의 경계를 세우기

이 치유 전략의 초점은 나의 경계를 세우는 것이다. 경계는 나만의 고유성을 주장하는 데 도움이 되는데, 이는 건강한 분화의 필수 요소다. 또한 내면의 비판자나 자해 행동을 멈추는 데도 도움이 된다.

경계를 명확하게 하는 한 가지 방법은 나의 한계를 아는 것이다. 다른 사람과의 상호작용에 있어서 무례하거나 공격적인 행동을 감내하는 경향이 있는가? 누군가가 선을 넘었을 때 어떻게 알 수 있는가? 다른 사람이 당신을 무례하게 대할 때 어떤 느낌이 드는가? 당신이 스스로를 공격적으로 대하거나 무례하게 대할 때 어떤 느낌이 드는가?

나의 가치관을 탐색해 본다. 건강한 경계를 주장할 때 내가 어떤 가치관을 가지고 있는지 알고 있는 것도 도움이 된다. 스스로 또는 다른 사람이 이러한 가치에 부합하지 않는 방식으로 행동할 때 어떤 느낌이 드는가? 다음은 건강한 경계를 나타내는 문장 목록이다. 이 문장들을 읽으면서 어떤 느낌이 드는지 알아차려본다. 이러한 문장들을 삶에 적용하여, 필요한 경계를 스스로에게 그리고 타인에게 확고히 세운다.

- 다른 사람이 싫어하더라도, 나는 거절할 수 있다.
- 나는 누군가를 실망시키더라도, 내 마음을 바꿀 수 있다.
- 나를 모욕하는 것은 그 누구라도 괜찮지 않다.
- 내가 혼란스러울 때 나는 더 많은 정보를 요청할 권리가 있다.
- 나는 내게 말하는 사람의 말투가 마음에 들지 않는다고 말해도 괜찮다.
- 누군가가 나에게 소리를 지르면 나는 방을 나갈 수 있다.
- 나에게 상처를 주는 관계를 끝낼 수 있다.
- 나는 나에 대해 너무 비판적으로 굴거나 상처 주는 행동들을 그만두라고 스스로에게 말할 수 있다.

10

희망이 없는 느낌과 절망감 치유

"나는 이제 내 삶을 책임집니다"

장기간 지속된 트라우마의 가장 큰 폐해는 긍정적인 미래를 희망하는 것에 끼치는 악영향이다. 엄습하는 절망감이 당신 의식의 전반을 지배할 수도 있다. 아동 학대와 방치가 인간관계에서 오는 트라우마라는 점을 고려한다면, 다른 사람의 진실성이나 선의에 대한 믿음 자체를 잃어버렸을 수 있다. 만약 이러한 복합 PTSD의 증상이 자신과 비슷하다고 느껴진다면, 당신은 혼자가 아니라는 점을 명심하자. 당신은 과거의 고통을 치유해 나가고 삶의 의미와 목적에 대한 감각을 되찾음으로써 압도적으로 다가오는 희망이 없다는 느낌과 절망감을 극복할 수 있다.

대릴의 이야기

"살 가치가 있는 미래를 상상할 수 없어요"

"목적의식이 있었으면 좋겠어요. 나는 무엇에도 감흥이 없고, 모든 게 무의미하게 반복되는 것처럼 느껴져요. 일어나서 옷을 입고, 먹고, 일하고…. 이게 다 무슨 소용이 있나요? 자질구레한 일들뿐이에요. 나는 삶에 방향성이 없어요. 살 가치가 있는 미래를 상상할 수 없어요."

대릴은 삶의 방향성과 목적을 찾기 위해 상담 치료를 시작했다. 그의 이력을 살펴보면서 정서적으로 매우 방치된 가정 환경에서 자랐다는 것을 알게 되었다. 그의 부모는 모두 마약에 중독되어 있었고, 자주 집을 비우거나 술에 취해 있었다. 대릴의 트라우마는 부모의 마약 중독 증상을 목격한 경험뿐만 아니라 그가 오랜 시간 동안 홀로 남겨진 것과도 관련 있었다. 어린 시절 그는 정서적, 신체적인 교감이 부족했다. 어린 그는 살아남기 위해서 스스로를 일으켜 세우는 법과 감정적 욕구를 외면하는 법을 배웠다. 성인이 되었지만 그는 자신의 감정과 계속 단절된 느낌을 받았다. 그 결과 삶에 별다른 깊이도 느끼지 못했고, 의미도 찾지 못했다.

상담 치료를 하면서 대릴이 어렸을 때 부모가 자신의 생각과 감정을 무시했던 방식에 주의를 기울였다. 그는 자신이 하는 어떤 행동도 변화를 가져올 수 없다고 느끼며 어린 시절에 얼마나 큰 절망감을 느꼈을지 깨달았다. 이와 같은 절망감은 미래에도 투영되고 있었다. 시간이 지나면서 그는 자신의 감정을 그럴 만하다고 더 인정하게 되었고, 스스로에 대한 '무미건조한' 느낌을 덜 갖기 시작했다. 결국 대릴은 자신의 삶에 대해 스스로 책임을 져야 한다는 것을 깨달았다. 그리고 자신이 빼앗긴 어린 시절을 돌려받지 못한다는 사실을 자각했다. 하지만 이 시점에서 그는 "이제 내 인생은 내가 책임질 거예요!"라고 말할 수 있었다.

의미의 상실과 희망이 없는 느낌 이해하기

대릴과 마찬가지로 어린 시절에 트라우마를 겪은 많은 생존자들은 깊은 실존적 외로움이나 절망감을 경험한다. 이것은 부분적으로 아동 학대와 방임에서 비롯된 무의미함 때문이다. 복합 PTSD는 '의미 체계', 즉 자기 자신, 인간관계, 세상과 미래에 대한 신념에 영향을 미친다. 예를 들어, 당신은 자신이 영구적으로 망가졌다거나 인생의 장애물을 극복할 능력이 없다고 믿을 수 있다. 사람들의 친절이나 관대함, 세상에 선이 존재할 가능성을 의심할 수도 있다. 세상에 대해 절망감을 느낄 수도 있다. 이러한 감정은 미래에 대한 목적, 의미 또는 희망을 찾는 것을 어렵게 만든다. 미래에 희망을 갖는 것은 자신의 행동이 삶의 결과에 변화를 가져온다는 사실을 아는 데 달려 있기 때문이다.

어렸을 때 당신은 처음엔 자신과 가족을 위해 상황을 더 낫게 만들려고 노력했을 수 있다. 예를 들어, 부모의 고통을 덜어주려고 다양한 노력을 했을지 모른다. 그러곤 결국 아무리 노력해도 어떠한 일도 일어나지 않는다고 느꼈을 것이다. 희망의 상실은 선택의 여지가 없고 상황을 바꿀 수 없다고 느낄 때 일어난다. 극복할 수 없는 실망감이나 완전한 패배감은 점점 누적되며, 절망의 대가는 활력과 기쁨의 상실이다. 자신을 부정적으로 느끼거나 원하는 삶을 살 수 없을 것이라 느낄 수도 있다. 무력감이 지속되면 자신의 행동이 부질없다고 느낀다. 나아지려고 노력하는 것이 무슨 의미인지 모르겠다거나, 치유가 과연 가능하기나 한 것인지 의문이 들면서 씁쓸해지거나 냉소적으로 변해버릴 수도 있다. 이러한 모든 감정은 증상일 뿐이지, 당신이 실패했다는 징후가 아니다. 감정은 과거에 겪은 고통스런 사건의 결과다. 가장 중요한 것은 그러한 감정들로 당신의 미래를 규정할 필요가 없다는 것이다.

희망이 없다는 느낌과 절망감은 마치 당신이 짊어지고 있는 무거운 짐처럼 몸과 마음을 무겁게 한다. 치유 과정은 외면하고 있던 고통의 무게를 향해 시선을 돌리고, 그 무거움을 느끼도록 스스로를 허용하는 과정을 수반한다. 학대하거나 방치한 부모의 부당함을 상쇄할 만큼 충분히 되갚는 일은 보통 불가능하다. 당신의 고통은 상처를 준 사람들에게 결코 제대로 이해받지 못할 수 있다. 이 때문에 치유 과정에서 깊은 애도에 빠지기도 한다.

혼자서 치료할 필요가 없다는 것을 기억하자. 신뢰할 수 있는 치료자가 고통의 한가운데 있는 당신과 함께 있도록 허용해 보자. 다른 사람이 어둠 속에서 당신과 함께하도록 허용할 때, 두 사람은 빛을 향해 나아갈 수 있다. 희망이 없다는 느낌과 절망감은 무엇보다도 무조건적인 수용과 연민을 통해 치유된다. 당신을 배신한 세상과 타인에게 마음을 여는 것에 대해 확신이 서지 않을 수도 있지만, 다른 사람의 친절을 선물로 받아들일 때마다 인간성에 대한 믿음을 회복할 기회를 얻게 될 것이다. 이는 결국 자신을 더 온전하게 받아들이게 해준다.

삶의 의미와 목적을 성찰하는 것은 희망이 없다는 느낌과 절망감을 극복하는 또 다른 열쇠다. 과거의 고통스러운 사건의 결과로 자신이 어떻게 성장을 이뤄왔는지 생각해 보는 시간을 가져보자. 아마도 당신의 고통은 다른 사람들에 대한 연민의 원천이 되었을 수도 있고, 당신 자신을 창의적으로 표현하도록 영감을 주었을 수도 있다. 트라우마에서 의미를 만들어내는 과정은 당신만의 고유한 과정이다. 어느 누구도 당신처럼 심오하고 실존적인 질문에 답할 수 없다. 고통으로부터 의미를 찾는 것은 당신의 습관적인 생각과 행동을 탐구함으로써 지금 여기에서 자신의 삶을 책임지는 것을 포함한다. 예를 들어, 당신은 자신의 삶과 미래를 비관적으로 생각하는 자신의 경향성을 알아차릴 수도 있다. 그렇다면 자신이나 타인에 대한 긍정적이고 사랑스러운 생각에 다시 마음을 집중하도록 도전할 수 있다. 이 과정을 현실성 있게 이어가는 것이 중요하다. 당신에게 트라우마 과거력이 있을 때, 당신은 세상이 때때로 안전하지 않으며, 상처를 줄 수 있다는 것을 안다. 모든 상황이 위험하다고 믿는 것은 스스로를 제한하는 일이지만, 세상이 항상 안전하고 모든 사람은 친절하다고 말하는 것도 마찬가지로 비현실적이다. 그러나 당신은 현명한 선택을 하는 사람들, 나를 존중해주는 사람들과 함께하기로 선택할 수 있다. 당신에겐 긍정적인 방향으로 미래를 빚어낼 수 있는 힘이 있다.

긍정적인 생각이나 감정을 유지하는 능력이 제한되어 있다고 느낄 수도 있다. 이때 기근을 겪은 사람의 은유를 상상해 본다. 오랫동안 잘 먹지 못했던 사람이 파티에 가서 마음껏 먹는다면 곧장 탈이 날 것이다. 그보다는 간단한 음식을 조금씩 섭취하면서 영양가 있는 식사에 대한 내성을 키워야 한다. 당신도 마찬가지다. 긍정적이고 사랑이 넘치는 감정을 갑자기 충만하게 느끼려 하기보다는 천천히 내성을 키워야 한다. 시간을 갖고 연습하면 삶에 더 많은 기쁨과 활력을 불어넣을 수 있을 것이다.

치유의 시작

아담과 샬럿의 이야기는 희망이 없다는 느낌과 절망감을 좀 더 자세히 이해할 수 있게 한다. 이번 장의 치유 전략은 자신의 강점과 삶의 의미에 집중하는 것이다.

샬럿의 이야기는 복합 PTSD의 치유에는 시간이 걸리며, 트라우마 회복을 위해 노력한 후에도 증상이 다시 나타날 수도 있다는 점을 일깨워준다. 만약 그녀의 이야기에 공감한다면, 치유 과정이 직선적이지 않다는 것을 유념하며 스스로를 다독여주자. 어떤 사람들은 치유를 양파 껍집에 비유한다. 마치 양파 껍질을 천천히 벗겨내는 것처럼 치유가 여러 겹으로 일어나고, 그 과정을 거치면서 더 깊은 부분이 드러난다고 말이다. 이 과정을 아티초크(artichoke: 국화과 식물, 잎사귀가 층층으로 둘러싸인 꽃봉오리로, 잎사귀를 하나씩 벗겨 그 안의 속대를 먹는다)에 비유한 것이다. 이는 당신의 중심에 항상 마음의 본질이 숨겨져 있다는 것을 의미한다.

아담의 이야기

"목표를 가지는 것은 너무 고통스러워요."

"목표를 가지는 것은 너무 고통스러워요. 어렸을 때 정말 갖고 싶은 것이 있으면 빼앗겼거든요. 그래서 결국 아무것도 원하지 않게 되었죠. 지금도 노력하는 의미를 잘 모르겠어요. 뭘 해도 달라지는 건 아무것도 없으니까요."

아담이 치료를 시작했을 때 우리는 그의 치료 목표를 의논했다. 그는 '목표'라는 단어만 들어도 움츠러들었고, 자신의 희망과 욕구에 대해 말하는 것을 생각해 보는 것조차 너무 고통스럽다고 말했다. 우리는 그의 어린 시절을 탐색하기 시작했고, 그는 어머니와 아버지를 비열하고, 앙심을 품은 사람으로 묘사했다.

어린 시절에 어떤 일에 대해 흥분했던 때를 떠올렸는데, 그것 때문에 자신이 어떻게 부모의 잔인함의 표적이 되었는지를 회상했다. 그때 나는 그가 자신의 삶에 대한 통제력이 거의 없다는 것을 알게 되었다. 성인이 되어서도 아담은 궁핍한 삶을 살았다. 가구도, 물건도 거의 없는 작은 아파트에서 살았고 냉장고는 비어 있기 일쑤였다. 그는 좋은 것이 있으면, 그것을 빼앗겨 버리기 전에 빨리 사용해야 한다고 느꼈다. 맛을 느끼는 먹는 즐거움 없이 음식을 후딱 먹어 치웠고, 저축하지 않고 돈을 썼다.

치료를 받으면서 아담은 자신의 삶이 더 나은 방향으로 바뀔 수 있다는 가능성에 천천히 마음을 열기 시작했다. 그는 오랜 시간 동안 위축된 생활 방식 속에서 살아왔다. 어린 시절의 슬픔과 고통에 주목하자 자신이 긍정적인 감정에 대한 내성이 매우 낮다는 사실을 깨달았다.

과거에 대한 통찰력을 얻게 되면서 그는 자신이 어렸을 때 부모가 그랬던 것처럼 자신도 좋은 감정을 밀어냈다는 것을 알았다. 어느 날 나는 아담에게 방금 특별한 선물을 받았다고 상상해 보라고 했다. 어렸을 때부터 늘 원했던 강아지를 선물로 받는 상상을 했다. 이내 그는 눈물을 흘렸다. 우리는 그의 내면에서 '넌 강아지를 받을 자격이 없다'라고 말하는 비판적인 목소리가 곧 고개를 들 것임을 알고 있었지만, 나는 그에게 그 목소리 대신 자신에게 말해줄 수 있는 새로운 문구를 선택해 보자고 했다. 그는 "나는 행복할 자격이 있어. 이제 누구도 나의 행복을 빼앗을 수 없어!"라고 말했다. 몇 달 뒤, 아담은 반려견을 입양했다는 소식을 전했다. 이제 그의 삶은 반려견을 산책시키고, 먹이를 주고, 돌보는 데 집중되었다. 마침내 처음으로 그는 삶에 목적의식을 느낄 수 있었다.

✧

치유 전략

긍정적인 감정을 강화하기

일반적으로 인간은 생존을 위해 설계되었다. 생존을 확보하기 위해 긍정적 경험보다 부정적 경험에 더욱 주의를 기울인다. 어렸을 때는 안전을 지키기 위해서 주변 환경을 주의 깊게 관찰하는 능력이 필요했다. 어린 시절 트라우마를 겪은 경험이 있다면 주변 환경의 위협 요소를 살피는 경향이 더욱 강해진다.

과거의 아픔에 주의를 기울여 돌보는 것도 중요하지만, 긍정적인 감정과 기억에 주의를 집중함으로써 부정적으로 편향된 생존 성향을 상쇄시키는 방법도 배워야 한다. 이 치유 전략은 마음의 자양분이 되는 순간들에 의식적으로 주의를 기울여 긍정적인 감정을 느끼는 능력을 강화한다. 이를 위해 행복, 기쁨, 유대감을 불러일으키는 경험을 음미하도록 속도를 늦춘다. 우리는 긍정적인 경험을 금방 지나쳐 버리는 경향이 있다. 기분 좋은 감정을 느끼는 능력을 조금씩 키워나간다는 마음으로 감정에 조금 더 오래 머무르는 연습을 해본다. 다음의 제안은 긍정적인 순간을 더욱 강화한다.

- 삶에서 긍정적인 감정이 느껴지던 순간을 기록해 본다.

예를 들어, 희망에 차 있거나, 몰입하고 있거나, 평온하거나, 연결감을 느끼던 순간을 알아차린다. 이러한 기분 좋은 감정에 적극적으로 집중함으로써 긍정적인 감정이 자라나도록 허용한다. 몸에서 어떤 느낌이 드는지 알아차리면서 5~10초 동안 기분 좋은 감정에 머무른다.

- 누군가 칭찬을 해주면 잠시 시간을 내어 그 마음의 선물을 온전히 받아들인다. 심호흡을 하면서 기분 좋은 느낌이 점점 퍼져나가도록 스스로에게 허용한다. 잠시 멈춰서 칭찬해준 사람에게 감사의 마음을 전하고, 그때 일어나는 기분 좋은 감정을 알아차린다.
- 긍정적인 감정이 생길 수 있는 기회를 의식적으로 만들어보자. 예를 들어 즐거운 음악을 듣거나, 웃음이 터져나오는 영화를 볼 수 있다. 또는 식사를 할 때 맛을 충분히 음미해 보거나 식탁에 놓을 꽃을 구입한다. 목공, 그림 그리기, 악기 연주와 같은 예술 활동을 하거나, 집 안 정리를 하거나 여행 계획을 세우면서 기쁨을 찾을 수도 있다. 나를 행복하게 해줄 수만 있다면 무엇이든 상관없다. 이 연습의 핵심은 가능한 한 오랫동안 기분 좋은 감정을 유지하는 것이다.
- 다른 사람에게 친절을 선물한다. 친구의 소셜 미디어 게시물에 우호적인 댓글을 남겨보자. 경험하는 동안과 경

험한 후에 기분이 어떤지 알아차려 본다. 낯선 사람을 향해 미소를 건네거나 문을 열어주는 등 우연히 친절을 베풀었을 때 어떤 기분이 드는가? 당신은 어떤 방식의 베풀기 경험을 통해 정신적 자양분을 얻는가? 긍정적인 감정과 감각이 느껴진다면 평소보다 조금 더 길게 거기에 머물며 주의를 기울여본다.

샬럿의 이야기

"지금쯤이면 다 나았어야 하는 거 아닌가요?"

"치료를 받은 게 벌써 몇 년인데 여전히 증상이 나타나요. 그럴 때면 절대 나아질 수 없을 것 같은 지독한 절망감이 들기 시작해요. 지금쯤이면 다 나았어야 하는 거 아닌가요?"

치료를 시작했을 때, 샬럿은 우울증으로 쇠약해져 있었다. 자살 시도 등 우울증 증상으로 여러 차례 병원에 입원했다. 게다가 성적 학대와 정서적 학대 경험으로 사람에 대한 신뢰가 심각하게 무너진 상태였다. 그녀는 더 나은 대처 방법을 익히기 위해 최선을 다했다. 치료를 받는 동안 그녀는 심리적 건강이 꾸준히 나아지고 있음을 느꼈고, 다른 사람들과 점점 더 연결되어 있다고 느꼈다. 그리고 자신의 경험이 트라우마를 겪은 다른 사람들에게 도움이 될 수 있기를 바라며 책을 쓰기 시작했다.

그런데 최근 샬럿은 매우 속상한 기분으로 상담을 받으러 왔다. 친구와 말다툼 끝에 갑자기 절교를 당했기 때문이었다. 이 일은 버림받은 느낌과 외로움이라는 힘든 감정을 다시 불러일으켰다. 샬럿은 자신이 누군가에게 짐이 된다는 오랜 감정을 재경험했고, 자신은 누군가가 감당하기에는 '너무 버거운 존재'라고 생각했다. 절망하면서 자신이 과연 건강해질 수 있을지 의문을 품었다. 나는 샬럿에게 다른 사람에게 거절당했을 때 슬픔을 느끼고, 상처를 받는 것은 지극히 정상이라고 말해주었다. 우리는 친구와의 불화 끝에 일어난 상실의 슬픔을 함께 들여다보았다. 성장은 직선적이지 않으며, 치유 과정에서 좌절을 경험하는 것이 일반적이라는 사실, 특히 현재 사건으로 인해 좌절이 촉발될 때는 더욱 그러하다는 점을 함께 숙고해보았다.

나는 또한 샬럿이 이루어낸 전반적인 성장과 치유를 상기시켰다. 그녀는 자신이 트라우마와 관련된 과거의 감정을 경험하고 있다는 점을 이해했다. 증상이 다시 나타나는 것에 비판적 태도를 취하는 대신, 연민의 태도로 그동안 고통을 돌보는 방법을 어떻게 익혀왔는지를 떠올렸다. 그 결과 내면의 회복 탄력성과 더 깊게 연결되었고, 어느 때보다도 자신의 이야기를 써야겠다는 결심을 확고히 하게 되었다. 그러면서 비교적 빠르게 자신의 고통을 해소했다.

✧

치유 전략

강점을 성찰하라

트라우마를 안고 성장하면 고통과 문제에만 집중하게 되면서 자신의 강인하고 회복 탄력성이 있는 면모를 간과할 수 있다. 강점 기반 치유 접근법Strengths-based Approach은 자신의 긍정적인 측면에 집중해 희망이 없다는 느낌이나 절망감과 같은 힘겨운 감정에 대처한다. 시간을 내어 다음 질문에 대한 답을 일기에 적어보자. 자신의 강점에 집중한 후 정신적, 정서적, 신체적으로 어떤 느낌이 드는지 살펴본다.

- 나를 가장 잘 설명하는 긍정적인 특성은 무엇인가? 예를 들어, 자신이 어떻게 혹은 얼마나 남을 배려하는 사람인지, 좋은 친구인지, 유머 감각이 좋은지, 공정함을 중시하는지, 이 책의 활동을 기꺼이 읽고 참여하는 것을 비롯해서 새롭게 배우는 것을 즐기는지 등을 살펴본다.
- 나의 성장을 곰곰이 생각해 본다. 예를 들어, 치유를 위한 노력의 결과로 삶에 어떤 긍정적인 변화가 생겼는가? 어떤 강점을 발견했는가?
- 치유 과정의 결과로 무엇을 배웠는가? 예를 들어, 감정

적으로 마음을 열었거나, 새로운 영적인 통찰력을 발견했거나, 새로운 창조적 역량을 탐구했을 수 있다. 또는 자신의 용감함, 결단력 또는 정신적 강인함을 깨달았을 수 있다.

- 미래에 대해 어떤 희망이나 비전을 갖고 있는가? 예를 들어, 새로운 자질을 확장하고 성장시키고 싶은가? 자신을 위해 어떤 목표를 세우고 싶은가? 이러한 목표를 달성하기 위해 무엇을 해야 하는가? 성공을 위해 필요한 도움은 무엇인가?

✦

자가 진단

나의 상태는 어떤가요?

이번 장을 마치면서 희망이 없다는 느낌이나 절망감이 당신의 삶에서 어떻게 나타날 수 있는지 생각해 보자. 여기에서 나눈 이야기에 공감할 수 있었는가? 이번 장에서 당신을 힘들게 한 특별한 내용이 있는가? 치유의 여정에서 내적 자원을 쌓고 자신의 강점에 주의를 집중해야 할 때가 있다는 것을 기억하자. 또한 때에 따라서는 회피하고만 싶은 정서적인 고통에 주의를 기울여야 한다. 다음의 치유 전략은 이 두 가지 목적을 모두 지원한다. 이번 장의 마지막 치유 전략은 투지grit의 역할과 투지와 성장과의 관계를 살피는 것이다. 투지는 우리의 가장 중요한 성취는 힘든 경험 속에서도 포기하지 않고 기꺼이 계속 나아가려는 의지의 결과라는 점을 강력하게 상기시킨다. 트라우마의 회복에도 정말 그대로 적용된다.

✦

치유 전략

투지와 성장

투지는 삶의 여러 측면에서 성공의 열쇠다. 트라우마 회복에서도 투지는 결단력과 끈기의 가치를 일깨워준다. 투지는 어렵더라도 새로운 것을 배우기로 선택하거나 어려운 경험을 회피하지 않고 대처하는 것을 말한다. 투지에 관한 연구에 따르면 도전을 받아들이는 능력을 촉진하는 것은 즉각적인 만족을 추구하지 않고 자신의 충동을 관찰할 수 있는 능력에 있다고 한다. 이러한 자기통제self-control능력은 불편함을 더 오래 견딜 수 있게 한다. 트라우마 치료는 고통을 극복해 나가는 어려운 과정이다. 이 어려운 과정에 계속 전념할 수 있도록 도와주는 것은 바로 투지다. 살아오면서 투지를 발휘했던 경험을 떠올려 보고, 투지를 어떻게 키울 수 있을지 탐색해 보자. 시간을 내어 아래 질문과 문장을 살펴보고 이에 대한 생각을 적어본다.

- 복합 PTSD의 생존자로서 두려움을 느끼면서도, 어떤 방식으로 삶을 살아내 왔는가?

- 내 주장이나 뜻을 관철시켰던 때를 떠올려본다. 스스로를 위해 목소리를 낸 기분이 어떠했는가? 나중에는 기분이 어떠했는가?
- 삶이 나를 무너뜨렸을 때 어떻게 다시 일어설 수 있었는가? 인생의 좌절을 어떻게 버텨내고 극복할 수 있었는가? 어려운 순간에 힘을 낼 수 있도록 도와준 것은 무엇이었는가? 혹은 누구였는가?
- 삶에서 새로운 것을 배우기 위해 어떤 방식으로 노력하고 있는가?
- 실제로 먹고 싶은 양보다 과자를 하나 더 먹는 등 충동적으로 무언가를 하고 싶은 욕구를 알아차릴 때, 잠시 멈춰서 생각해 본다. 행동을 멈추고 지연된 상태를 마음챙김 속에서 경험하면서 몸에 어떤 느낌이 드는지 알아차려 본다. 이렇게 하면 방금 전 하려던 행동에 대한 관심의 정도가 달라지는가?
- 일상 업무에 접근하는 방식을 살펴본다. 한 활동에서 또 다른 활동으로 계속 급하게 넘어가는 경향이 있는가? 그렇다면 다음 작업을 시작하기 전에 한 가지 작업을 완전히 마무리해 본다.

11

용기를 잃지 말고 계속 나아가십시오

심리학자이자 작가인 롤로 메이Rollo May는 이렇게 말한다. "용기란 절망이 없는 상태가 아니라, 오히려 절망에도 불구하고 앞으로 나아가는 능력이다." 특히 어린 시절 트라우마 과거력을 동반하는 복합 PTSD가 있는 이가 삶에 계속 참여하기 위해서는 이러한 굳센 결단이 필요할 것이다. 치유는 직선적으로 일어나지 않기 때문에 치료 과정 중 과거의 고통이 더 생생하게 떠오르는 시기를 여전히 경험할 수 있기 때문이다. 따라서 치유를 단거리 달리기가 아닌 마라톤으로 보아야 한다. 가장 중요한 것은 치유 전략을 평소에 꾸준히 사용함으로써 회복 탄력성을 강화하는 것이다. 고통스러운 증상에 더 빠르고 효과적으로 대처할 수 있으며 기쁨을 누리는 능력을 향상시킨다.

앞으로 나아가는 것이 중요합니다

마지막 장에 접어들면서 치유를 위해 기울인 노력의 결과로 당신이 이뤄낸 성과에 대해 생각해 보길 바란다. 내면의 비판자가 조용해져서 평안을 더 쉽게 느낄 수 있거나, 또는 자신에 대한 연민을 더 많이 느껴 어린 시절의 상처로 인한 수치심과 부담감을 덜 가지게 되었음을 알아차릴 수도 있다. 어쩌면 기꺼이 타인을 신뢰하게 되었음을, 혹은 타인에게 더 친절하고 더 사랑 넘치는 친구가 될 수 있었음을 발견할 수도 있다. 늘어나는 스트레스를 자신감 있고 여유롭게 처리할 수 있게 되었을 수 있다. 또는 필요할 때 자신의 경계를 분명히 하는 것이 더 쉬워졌을 것이다.

트라우마의 후유증은 생각과 감정뿐만 아니라 몸의 긴장 패턴이나 호흡의 답답함으로도 나타난다. 그래서 우리는 생각만으로는 이러한 증상에서 빠져나올 수 없다. 이 책은 해방감sense of freedom을 회복할 수 있도록 몸을 느끼고 움직이는 치유 전략을 소개했다. 이러한 신체 기반 연습은 일상에서 꾸준히 실천할 때 가장 효과적이라는 점을 기억하기를 바란다. 연습하다 보면 몸과 연결되는 것이 더 쉬워지고 몸과 해리된 느낌이 점차 줄어들 것이다. 고통스러운 감각에 더 적절히 반응하게 되고, 감정에 쉽게 휩쓸리지 않게 된다.

내면의 어떤 부분들은 트라우마 사건과 관련된 감정과

기억을 간직하는 것이 일반적이다. 이러한 마음의 부분들은 생존을 위해 당신을 고통으로부터 분리했다. 이 책의 전략은 '지금, 여기'에 기반을 둔 성인 자아에 대한 알아차림을 강화하는 방법들이었다. 성인 자아와 연결되면 정신이 명료해지고, 직관과 조화를 이루며, 내면의 지혜와 접촉할 가능성이 더 높아진다. 그간의 연습을 통해 과거의 고통스런 기억을 돌보는 것이나 치유적 회복 경험을 만들어내는 것이 더 쉬워졌을 것이다.

전반적으로 나타난 치유의 징후들을 살펴보면서 당신의 노력이 당신을 더 강하게 성장하도록 돕고 있음을 알았으면 한다. 연습을 통해 성장 지향적인 마음가짐으로 다시 돌아올 수 있고, 미래에 대한 희망을 가지는 능력에 더 큰 믿음을 키울 수 있다. 연습이 깊어질수록 당신은 안정감을 느끼고, 현실에 발을 딛고, 자신의 삶과 연결되어 있다고 느끼는 순간들이 더 길게 지속되고 있음을 어느새 알아차리게 될 것이다.

여전히 고통스러울 때, 해야 할 일

트라우마에서 치유되었다고 해서 더 이상 정서적 고통을 경험하지 않는다는 의미는 아니다. 아무리 노력해도 일부 증상은 지속될 수 있다. 우리는 결국 이 사실을 받아들여야 할지 모른다. 이는 당신의 치유가 실패했다는 뜻이 아니다. 다만 복잡한 트라우마의 영향이 겹겹이 쌓여 몸과 마음 깊숙이 자리 잡고 있다는 사실을 상기시켜 주는 것이다. 어린 시절의 트라우마로부터 삶을 되찾으려면 치유 과정에 오랫동안 전념해야 한다는 점을 기억하자. 이러한 깨달음을 통해 낙담하거나 희망이 없다고 느끼지 않고, 자기연민과 다시금 연결되길 바란다.

이 책을 당신이 괴로움을 겪고 있을 때 참고할 수 있는 일종의 자료라고 생각하면 좋다. 이제 당신은 복합 PTSD와 일부 치유 전략들에 익숙해졌을 것이다. 또 자신에게 가장 효과적인 몇 가지 전략을 발견했을 수 있다. 이 책의 구석구석에서 희망을 느끼는 데 도움이 되는 특정 구절을 발견했을 수도 있다. 이런 페이지에는 따로 표시해 두었다가 필요할 때마다 자주 찾아보고, 스트레스가 심한 상황에 직면할 때, 그 방법들을 다시 시도해 보라.

극심한 트라우마로부터 자신을 되찾는 심오한 작업에는 치료자의 세심한 안내가 필요하다는 점도 다시금 기억하길 바란다. 책 한 권이 온정적이고 잘 훈련된 상담사를 대신할 수는 없다. 우리는 혼자서 치유의 길을 걸어가도록 만들어진 존재가 아니다. 어린 시절의 트라우마는 관계의 상처이기 때문에 치료적 관계healing relationship라는 긍정적인 경험은 다른 사람의 선함에 대한 믿음을 회복하는 데 도움을 준다. 어느 정도 시간이 지나면 치료는 자기 자신과 자신의 고통을 사랑으로 보듬을 수 있는 역량을 키우는 것이 된다.

치료자를 직접 만나서 함께 작업하기가 어려운 상황이어도 걱정할 필요 없다. 우리는 더 다양한 지원 시스템을 이용할 수 있는 시대에 살고 있다. 원격으로 함께 작업할 치료자를 찾거나 지역에서 트라우마 생존자를 지원하는 그룹에 가입할 수도 있다. 온라인에도 여러 개의 복합 PTSD 지지 그룹이 있다. 서로를 존중하는 의사소통을 보장하는 명확한 규칙이 있는 그룹을 찾아보자. 잘 운영되는 모임에 참여하면 고립감과 수치심을 줄일 수 있고, 혼자가 아니라는 사실을 깨닫는 데 도움이 된다.

맺음말

최근에 공원을 걷고 있었다. 꽃이 활짝 핀 풀밭 사이로 진흙탕 길이 나 있었다. 근방을 오가는 사람들이 많아져 풀과 꽃들이 훼손되면서 생겨난 길이었다. 풀밭 양쪽으로 밧줄이 둘러져 있었고, 공원 관계자들이 세운 표지판에는 풀밭을 복구하고 있다는 안내가 쓰여 있었다. 그들은 이곳에 새로운 씨앗을 심었고, 복구 작업과 새로운 식물의 성장을 위해 이 구역에 들어가지 말아달라고 부드럽게 요청했다. 대신 공원 방문객들은 아름답게 조성된 나무 산책로로 안내되어, 풀밭을 훼손하지 않고 즐길 수 있었다. 이는 치유에 대한 강력한 은유다. 트라우마로부터 벗어나기 위해서는 상처받은 과거로 인해 생겨난, 함부로 짓밟히고 닳은 길을 걷는 것을 자제해야 함을 상기시킨다. 밧줄은 우리가 자기비판적인 생각이나 해로운 행동을 용인할 때 넘게 되는 경계선을 의미한다. 표지판은 해를 끼치는 행동을 줄이기 위해 스스로 한계를 설정해야 함을 나타낸다. 우리는 새로운 성장을 위해 오래되어 익숙하지만, 궁극적으로는 원치 않는 이 길에서 벗어나는 연습을 해야 한다. 훼손된 곳에서도 아름다움은 피어난다. 우리는 기쁨, 따뜻함, 연민, 사랑을 위한 우리의 역량을 키울 수 있는 새로운 길을 만들어야 한다. 당신은 당신의 마음과 삶에 어떤 씨앗을 심고 있는가? 어떤 새로운 길을 걸을 준비가 되었는가? 그곳에 아름다운 꽃밭이 펼쳐지기를 깊이 소망한다.

추가 자료

다음은 복합 PTSD와 어린 시절 트라우마의 꾸준한 치료를 위한 몇 가지 자료다. 도움을 구할 때 이러한 자료 중 일부는 자신에게 도움이 될 수도 있지만, 몇몇 자료는 그렇지 않을 수도 있다. 자신에게 도움이 되고 자신의 신념과 가치관에 부합하는 자료를 선택하자. 또한 온라인 모임이 항상 잘 관리되는 것은 아니다. 일부 사이트에서는 내용이 걸러지지 않아 당신의 증상을 촉발시킬 수 있다. 치유 과정에서 또다시 트라우마를 경험한 것처럼 느끼지 않도록 어떤 콘텐츠에 언제, 얼마나 자신을 노출시킬지 신중하게 선택해 스스로 속도를 조절하자. 자신을 믿자. 기분이 좋지 않다면, 즉시 다른 자료로 눈을 돌린다. (역자주 - 국외 자료 중심으로 쓰여져 있기에 국내 자료를 첨가하였다.)

▪ 국내

국립정신건강센터 국가트라우마센터

〈정신건강증진 및 정신질환자 복지서비스 지원에 관한 법률〉에 따라 재난이나 그 밖의 사고로 정신적 충격을 받은 재난 경험자의 심리적 안정과 사회 적응을 돕는다.

nct.go.kr

서울 EMDR 트라우마 센터

검증된 훈련을 통해 공인 자격을 얻은 숙련된 EMDR 전문가로 구성된 치유 센터. 많은 임상경험을 토대로 트라우마 치료와 연구를 하고 있으며, 임상, 상담 전문가를 대상으로 슈퍼비전과 교육, 워크샵을 활발히 진행한다.

seoulemdr.co.kr

▪ 국외

복합 PTSD 정보 웹사이트

아테나 모베리Athena Moberg가 개발한 재단. 일일 회복 지원 전화, 무료 지지 그룹이 있으며, 블로그를 통해 연민 어린 지지를 얻고, 페이스북 페이지에 가입하여 긍정적인 회복의 메시지를 받을 수 있다.

cptsdfoundation.org

복합 트라우마 및 PTSD의 치유

릴리 호프 루카리오Lilly Hope Lucario가 운영한다. 적합한 치료자를 찾기 위한 가이드라인과 블로그를 포함한 광범위한 자원이 있다. 페이스북 페이지에 가입하여 또 다른 복합 PTSD 생존자들과 지지적인 토론을 할 수 있다.

healingfromcomplextraumaandptsd.com

@healingcomplextraumaptsd

아웃 오브 더 스톰

관계적 트라우마 치료 및 회복에 관한 자료를 찾을 수 있으며, 온라인 지원 모임에 참여할 수 있다.

outofthestorm.website

뷰티 에프터 브루지즈

복합 PTSD를 앓고 있는 이를 지원하기 위한 유용한 정보, 생존자를 위한 자료가 있다.

beautyafterbruises.org

PsychCentral.com

검색 엔진을 사용하여 복합 PTSD 및 아동기 트라우마에 관한 관련 기사를 찾아볼 수 있다. 온라인 커뮤니티 모임도 찾을 수 있다.

TraumaSurvivorsNetwork.org

생존자와 그의 가족을 위한 온라인 지원을 제공한다.

아래 웹사이트를 통해 거주 지역에 있는 치료자를 찾을 수 있다. 미국에서는 원격 치료가 반드시 해당 주 내에서 제공되어야 한다. 원격 치료를 받고자 하는 경우, 해당 주 내에서 접근할 수 있는 치료자를 포함하도록 검색 범위를 넓혀보는 것도 방법이다.

- **국내**

한국EMDR협회

국민 정신건강 증진에 기여하기 위해 EMDR을 체계적으로 보급하고 관련 치료기법 발전을 도모하며, 지속적인 지도와 국제협력을 통해 EMDR 공인 치료자를 훈련한다. 국제 공인을 받은 치료자를 찾을 수 있다.

emdrkorea.com/bbs/board.php?bo_table=07_01

(사)한국임상심리학회

한국 심리학회 분과이며 임상심리전문가, 정신건강 임상심리사(1급, 2급) 전문 자격증을 취득한 전문가를 찾을 수 있다.

kcp.or.kr

(사)한국상담심리학회

한국 심리학회 분과이며 상담심리사 전문 자격증(1급, 2급)을 취득한 상담사를 찾을 수 있다.

krcpa.or.kr/user/new/sub04_1new.asp

(사)한국상담학회

훈련받은 전문상담사를 찾을 수 있다.

counselors.or.kr

- 국외

국제 외상 및 해리 연구 학회 International Society for the Study of Trauma and Dissociation : ISSTD

isstd.connectedcommunity.org/network/network-find-a-professional

국제 외상성 스트레스 연구 학회 International Society for Traumatic Stress Studies

istss.org/public-resources/find-a-clinician.aspx

EMDR국제협회EMDR International Association : EMDRIA

emdria.org/page/findatherapistmain

심리학 투데이 Psychology Today

therapists.psychologytoday.com/rms/prof_search.php

테라바이브Theravive

theravive.com

theravive.com/therapists/e-counseling.aspx

위기 핫라인, 문자 및 채팅 서비스

■ 국내

보건복지부 보건복지상담센터 자살예방 상담전화

1393

한국생명의전화

1588-9191

한국생명의전화 24시간 청소년상담채널 라임

lime.or.kr/home

국가트라우마센터 24시간 핫라인

1577-0199

고용노동부 직업트라우마 상담센터

1588-6497

참고 문헌

다니엘 골먼, 《EQ 감성지능》, 한창호 옮김, 웅진지식하우스, 2008.

다니엘 J. 시겔, 《마음의 발달》, 김보연 외 옮김, 하나의학사, 2022.

로럴 파넬, 《EMDR 마음의 상처 치유하기》, 김준기, 배재연, 김남희 옮김, 수오서재, 2021.

릭 핸슨, 《행복 뇌 접속》, 김미옥 옮김, 담앤북스, 2015.

마샤 M. 리네한, 《다이어렉티컬 행동치료》, 조용범 옮김, 학지사, 2007.

마틴 셀리그먼, 《마틴 셀리그만의 긍정심리학》, 김인자, 우문식 옮김, 물푸레, 2014.

바브 메이버거, 《트라우마, 기억으로부터의 자유》, 김준기, 배재현, 사수연 옮김, 수오서재, 2018.

바빗 로스차일드, 《내 인생을 힘들게 하는 트라우마》, 김좌준 옮김, 소울메이트, 2013.

아리엘 슈워츠, 《복합-PTSD 워크북》, 김현아 옮김, 학지사, 2021.

재니너 피셔, 《조각난 마음을 치유합니다》, 조성훈 옮김, 더퀘스트, 2024.

주디스 루이스 허먼, 《트라우마》, 최현정 옮김, 사람의집, 2022.

프랜신 샤피로, 《트라우마, 내가 나를 더 아프게 할 때》, 김준기, 배재현, 사수연 옮김, 수오서재, 2014.
피터 A. 레빈, 《내 안의 트라우마 치유하기》, 양희아 옮김, 소울메이트, 2016.
타라 브랙, 《받아들임》, 김선주, 김정호 옮김, 불광출판사, 2012.
Bowen, M. Lanham. Family Therapy in Clinical Practice. Lanham, Maryland: Jason Aronson, 1993.
Cloitre, M., Courtois, C. A., Ford, J. D., Green, B. L., Alexander, P., Briere, J., & Van der Hart, O. (2012). "The ISTSS expert consensus treatment guidelines for complex PTSD in adults." Retrieved from https://www.istss.org/ISTSS_Main/media/Documents/ISTSS-Expert-Concesnsus-Guidelines-for-Complex-PTSD-Updated-060315.pdf
Courtois, Christine, and Julian Ford. Treating Complex Traumatic Stress Disorders (Adults): Scientific Foundations and Therapeutic Models. New York: Guilford, 2013.
Hayes, S. C. Get Out of Your Mind and Into Your Life: The New Acceptance and Commitment Therapy. Oakland, CA: New Harbinger, 2005.
Kerr, M. Bowen Theory's Secrets: Revealing the Hidden Life of Families. New York: Norton, 2019.
Knipe, J. EMDR Toolbox: Theory and Treatment of Complex PTSD and Dissociation. 2nd ed. New York: Springer, 2018.
Levine, P. In an Unspoken Voice: How the Body Releases Trauma and Restores Goodness. Berkeley, CA: North Atlantic Books, 2010.
Maddi, S. R. Hardiness: Turning Stressful Circumstances into Resilient Growth. New York: Springer, 2013.
McGonigal, J. SuperBetter: A Revolutionary Approach to Getting Stronger, Happier, Braver, and More Resilient. New York: Penguin, 2015.

Ogden, P., K. Minton, and C. Pain. Trauma and the Body: A Sensorimotor Approach to Psychotherapy. New York: Norton, 2006.

Ogden, P., and J. Fisher. Sensorimotor Psychotherapy: Interventions for Trauma and Attachment. New York: Norton, 2015.

Rosenberg, S. Accessing the Healing Power of the Vagus Nerve. Berkeley, CA: North Atlantic Books, 2017.

Parnell, L. Attachment-Focused EMDR: Healing Relational Trauma. New York: Norton, 2013.

Paulsen, S. When There Are No Words: Repairing Early Trauma and Neglect from the Attachment Period with EMDR Therapy. Scotts Valley, California: CreateSpace Independent Publishing Platform, 2017.

Porges, S. W. The Polyvagal Theory: Neurobiological Foundation of Emotions, Attachment, Communication, and Self-Regulation. New York: Norton, 2011.

Scaer, R. The Body Bears the Burden. 3rd ed. New York: Routledge, 2014.

Schauer, M., and T. Elbert. "Dissociation Following Traumatic Stress: Etiology and Treatment." Journal of Psychology 218, no. 2 (2010): 109 – 127.

Schwartz, A. The Complex PTSD Workbook: A Mind-Body Approach to Regaining Emotional Control and Becoming Whole. Berkeley, CA: Althea Press, 2017.

Schwartz, A. The Post Traumatic Growth Guidebook: Practical Mind-Body Tools to Heal Trauma, Foster Resilience, and Awaken Your Potential. Eau Claire, WI: PESI Publishing, 2020.

Schwartz, A., and B. Maiberger. EMDR Therapy and Somatic Psychology:

Interventions to Enhance Embodiment in Trauma Treatment. New York: Norton, 2018.

Schwartz, R. Internal Family Systems Therapy. New York: Guilford, 1997.

Shapiro, F. Eye Movement Desensitization and Reprocessing (EMDR) Therapy: Basic Principles, Protocols and Procedures. 3rd ed. New York: Guilford, 2018.

Shapiro, R. Easy Ego State Interventions: Strategies for Working with Parts. New York: Norton, 2016.

Van der Hart, O., Nijenhuis, E. R., & Steele, K. The haunted self: Structural dissociation and the treatment of chronic traumatization. New York: Norton, 2006.

Walker, P. Complex PTSD: From Surviving to Thriving: A Guide and Map for Recovering from Childhood Trauma. Lafayette, CA: Azure Coyote, 2013.

감사의 말

이 책을 집필하는 데 도움을 주신 몇 분께 감사의 말씀을 전하고 싶습니다. 먼저 이 책이 나오기까지 비전과 지원, 지도를 아끼지 않은 칼리스토 미디어, 록리지 프레스, 그리고 편집자인 세스 슈워츠에게 감사의 인사를 전합니다. 복합 PTSD 환자와 그를 사랑하는 가족, 그리고 그들을 지원하는 치료자에게 이 자료를 제공할 수 있게 해주셔서 감사합니다. 제 멘토인 베티 캐논에게, 항상 자비로운 존재로 제 삶을 지도해주신 것에 대해 감사함을 전합니다. 마지막으로 저를 사랑해주고, 제가 하는 일을 지지해주는 나의 가족에게 진심으로, 그리고 가장 깊은 감사를 표합니다.

과거에 붙잡힌 사람을 위한 책

복합 트라우마에서 벗어나 삶을 되찾는 법

1판 1쇄 인쇄 2024년 5월 26일
1판 1쇄 발행 2024년 6월 5일

지은이 아리엘 슈워츠
옮긴이 김준기, 배재현, 사수연, 김형진
발행처 수오서재
발행인 황은희, 장건태
책임편집 최민화
편집 마선영, 박세연
마케팅 황혜란, 안혜인
디자인 피포엘
제작 제이오
주소 경기도 파주시 돌곶이길 170-2 (10883)
등록 2018년 10월 4일(제406-2018-000114호)
전화 031)955-9790
팩스 031)946-9796
전자우편 info@suobooks.com
홈페이지 www.suobooks.com
ISBN 979-11-93238-29-5 03180 책값은 뒤표지에 있습니다.

도서출판 수오서재守吾書齋는 내 마음의 중심을 지키는 책을 펴냅니다.